マラソン

自己ベスト更新60のポイント

10kmレースから活きる
記録更新&完走メソッド

Japanマラソンクラブ代表
牧野 仁 監修

はじめに 市民マラソンランナー増え続けてます。

健康志向の高まりからランニング人口は増加し、ほぼ全部の
都道府県がフルマラソン大会が開催されるようになりました。
私もある出版社の方から“マラソン完走請負人”という名をもらってから、
全国各地マラソン大会でランナーサポートを行っています。
そのきっかけになったのが、2007年からスタートした東京マラソン。
これを機会に大阪や神戸、京都や名古屋、横浜、福岡など大都市圏は
１万５千人から３万人を超える参加人数大会が開催され、
延べで考える年間100万人近くが参加することになるのです。
しかし、マラソンは日々練習してもなかなか結果が見えない、
その場で頑張ってもすぐに結果が出ないことがあります。
それどころか日々の積み重ねが結果に結び付かずに、
練習のしすぎがかえってケガの原因になってしまうこともあります。
それがマラソンの難しさでもあるのです。そんなランナーたちが
抱える悩みを解消できるポイントをまとめたのが本書です。
ただ走るのではなく良い練習をするためにどのように工夫するのかをまとめ、
何よりも自分が目指す、今の自分を超える練習、そして結果として
記録向上へとつながるものにしました。
マラソンをもっと楽しんでもらうためには結果のために
練習やレースに出るのではなく、レースに向けて
どのように楽しむかが良い結果を生むものだと思います。
一流選手たちもいい試合を行うと
「楽しい42.195kmでした」などとコメントするように、
どのような練習をするのか、どのように
レースに臨むのか、そのチャレンジ自体を
楽しんで臨んでほしいと思います。
常にチャレンジャーで常にレースを
楽しんで(苦しんで)日々の走りに
つなげてください。

マラソン完走請負人
牧野 仁

本書の使い方

本書はよりレベルアップを目指すランナーに向けた、ランニング上達のポイントを掲載しています。各ポイントを見開きで完結させ、手順や重要な箇所がひと目でわかるように解説しています。

ポイントNo.

60項目を掲載。すべてを身につけてレベルアップ。

Chapter1: 正しいフォームを追求

POINT 1

フォームを極めるには低強度から始める

意識して歩くことが理想の走りにつながる！

ランニングフォームを極めるにはまずは正しいウォーキングができることが大事です。すでに走り込んでいる方がウォーキングと聞くと「今さら…」と思われるかもしれませんが、ランニングに限らずスポーツの基礎はゆっくりとした動きからスキルを取得し、その動きが無意識にできるような状態に持っていくことでスキルの取得につながります。

今以上に「速く走る」「長く走る」といったスキルアップをめざすのであれば、まずは低強度から細かい動きを学びましょう。

ランニングを始める前に必ず意識したウォーキング（2、3分）をして、フォームを確認し、さらにジョギングをしてからランニングへと進みましょう。

Check!

ウォーキングをするときは「気をつけ」の姿勢から始めます。気をつけの姿勢をすることで体の重心を引き上げることができます。こうすることで走り始めから効率よく体が動きます。

目線はまっすぐ前を見る
胸を張る
下腹部をへこませる
※P20「サンドイッチ」の状態を参照
脚を閉じてかかととつま先をつける
目線はまっすぐ遠くを見る
腕振りは自然な状態で
「気をつけ」の姿勢からゆっくりと歩き出します。腕振りは腕を前後に軽く振るくらいの気持ちで。

ここが大事！

「気をつけ」の姿勢で重心を引き上げたままの状態で歩くこと。腹部をロープで引っ張ってもらっているような状態であることがわかればOK。姿勢が崩れると重心も下がり、この推進力も感じられなくなります。

One more Point

ウォーク・ジョグ・ランの違い

ウォーキングとはどちらかの脚が地面に着いている状態。ランニングとは瞬間的に両脚が地面から離れている（ジャンプしている）状態のことを言います。ジョギングとはランニングよりスピードが遅く、走りながら会話できるような状態のことです。運動強度はウォーク、ジョグ、ランニングの順で高くなりますので、「低強度」とはウォーキングのことになります。

9 8

ここが大事！

各タイトルにおいて、押さえておきたい重要な箇所を「ここが大事！」ポイントとしてピックアップ。

One more Point

掲載した内容の豆知識。プラスαで覚えておくと役立つ話。

タイトル

身につけたいより具体的な項目を表記。

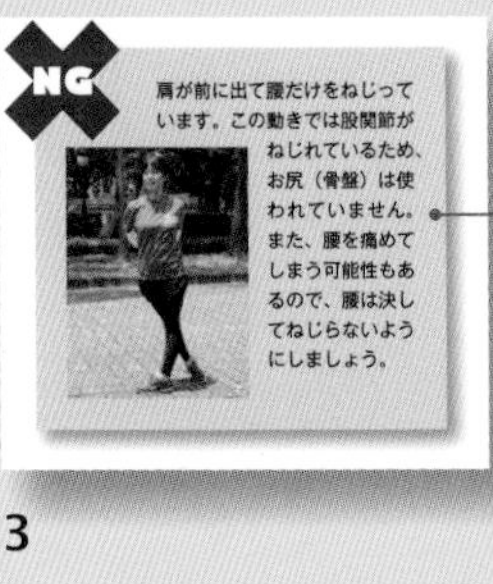

NG

肩が前に出て腰だけをねじっています。この動きでは股関節がねじれているため、お尻（骨盤）は使われていません。また、腰を痛めてしまう可能性もあるので、腰は決してねじらないようにしましょう。

NG

ついついやってしまいがちな「悪い例」。なぜやってはいけないかも含めて解説。

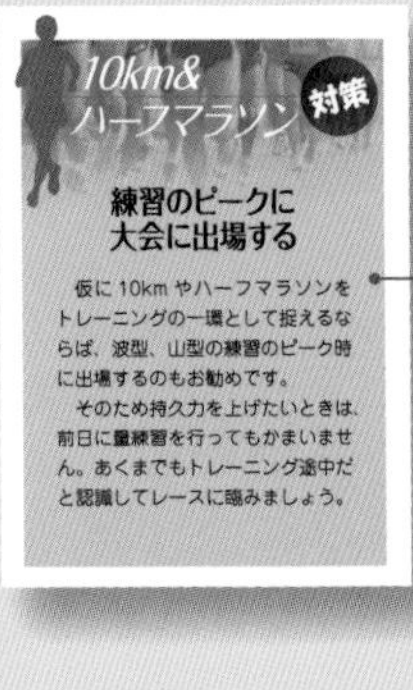

10km&ハーフマラソン 対策

練習のピークに大会に出場する

仮に10kmやハーフマラソンをトレーニングの一環として捉えるならば、波型、山型の練習のピーク時に出場するのもお勧めです。

そのため持久力を上げたいときは、前日に量練習を行ってもかまいません。あくまでもトレーニング途中だと認識してレースに臨みましょう。

10km&ハーフマラソン対策

フルマラソン以外の「10kmマラソン」「ハーフマラソン」のレースに参加する場合のポイントを紹介。

マラソン
自己ベスト 更新
60のポイント
10kmレースから活きる
記録更新&完走メソッド

もくじ

※本書は2010年発行の『市民マラソンで完走する！ ランニングのポイント60』を元に加筆・修正を行っています。

Chapter2 目標設定のしかた

Chapter3 トレーニングの運用

POINT 1

フォームを極めるには低強度から始める

意識して歩くことが理想の走りにつながる!

ランニングフォームを極めるにはまずは正しいウォーキングができることが大事です。すでに走り込んでいる方がウォーキングと聞くと「今さら…」と思われるかもしれませんが、ランニングに限らずスポーツの基礎はゆっくりとした動きからスキルを取得し、その動きが無意識にできるような状態に持っていくことでスキルの取得につながります。

今以上に「速く走る」「長く走る」といったスキルアップをめざすのであれば、まずは低強度から細かい動きを学びましょう。

ランニングを始める前に必ず意識したウォーキング（2、3分）をして、フォームを確認し、さらにジョギングをしてからランニングへと進みましょう。

Check!

目線はまっすぐ前を見る

胸を張る

下腹部をへこませる

※P20「サンドイッチ」の状態を参照

脚を閉じてかかととつま先をつける

ウォーキングをするときは「気をつけ」の姿勢から始めます。気をつけの姿勢をすることで体の重心を引き上げることができます。こうすることで走り始めから効率よく体が動きます。

「気をつけ」の姿勢からゆっくりと歩き出します。腕振りは腕を前後に軽く振るくらいの気持ちで。

ここが大事！

「気をつけ」の姿勢で重心を引き上げたままの状態で歩くこと。腹部をロープで引っ張ってもらっているような状態であることがわかればOK。姿勢が崩れると重心も下がり、この推進力も感じられなくなります。

One more Point

ウォーク·ジョグ·ランの違い

ウォーキングとはどちらかの脚が地面に着いている状態。ランニングとは瞬間的に両脚が地面から離れている（ジャンプしている）状態のことを言います。ジョギングとはランニングよりスピードが遅く、走りながら会話できるような状態のことです。運動強度はウォーク、ジョグ、ランニングの順で高くなりますので、「低強度」とはウォーキングのことになります。

POINT 2

クロスウォーキングで脚の運びを最短距離にする

一直線上を歩くようにする
Check!
目線はまっすぐ前を見る
両腕は広げる
地面に直線が引かれているとイメージしたら、その上を右脚は左に、左脚は右に交差させながら進みます。次の歩を出すときは前脚に引っかからないように。

股関節を柔らかくするための練習

理想的な走りを実現するためには、他にもいろいろなウォーキングドリルがあります。まず取り組んでほしいのが股関節をうまく使うために行う練習の『クロスウォーキング』です。

股関節を使ってスムーズに脚が出れば、脚の運びの軌道は最短距離で動きます。**最短距離で脚を動かすことで、自然と無駄のない効率的な走りにつながります。**

ウォーキングの方法は左右の脚を交差させながら一直線上をまっすぐ進むようにします。

歩幅や速さはあまり気にせず、自然な状態で歩きましょう。脚を上げすぎると腹筋を使ってしまうため、背筋を伸ばした状態をキープします。

ここが大事！

脚を交互に出すときは体や腰がねじれないようにします。この写真では手を広げて歩いていますが、どうしても体がねじれてしまう場合は、両手をお尻にあててお尻を固定させるようにして歩いてもよいでしょう。

NG

後ろ脚を前に出すときに、膝を曲げずに外側へ大きく回さないこと。股関節がうまく使われず、また脚の運びにも無駄が生じます。従って上半身も大きく左右にブレて、体が不安定になりロスを生じます。

POINT 3

マリオネットウォーキングで股関節を引き上げる

Check!
目線は
まっすぐ
前を見る
つま先を
糸で操る
イメージで

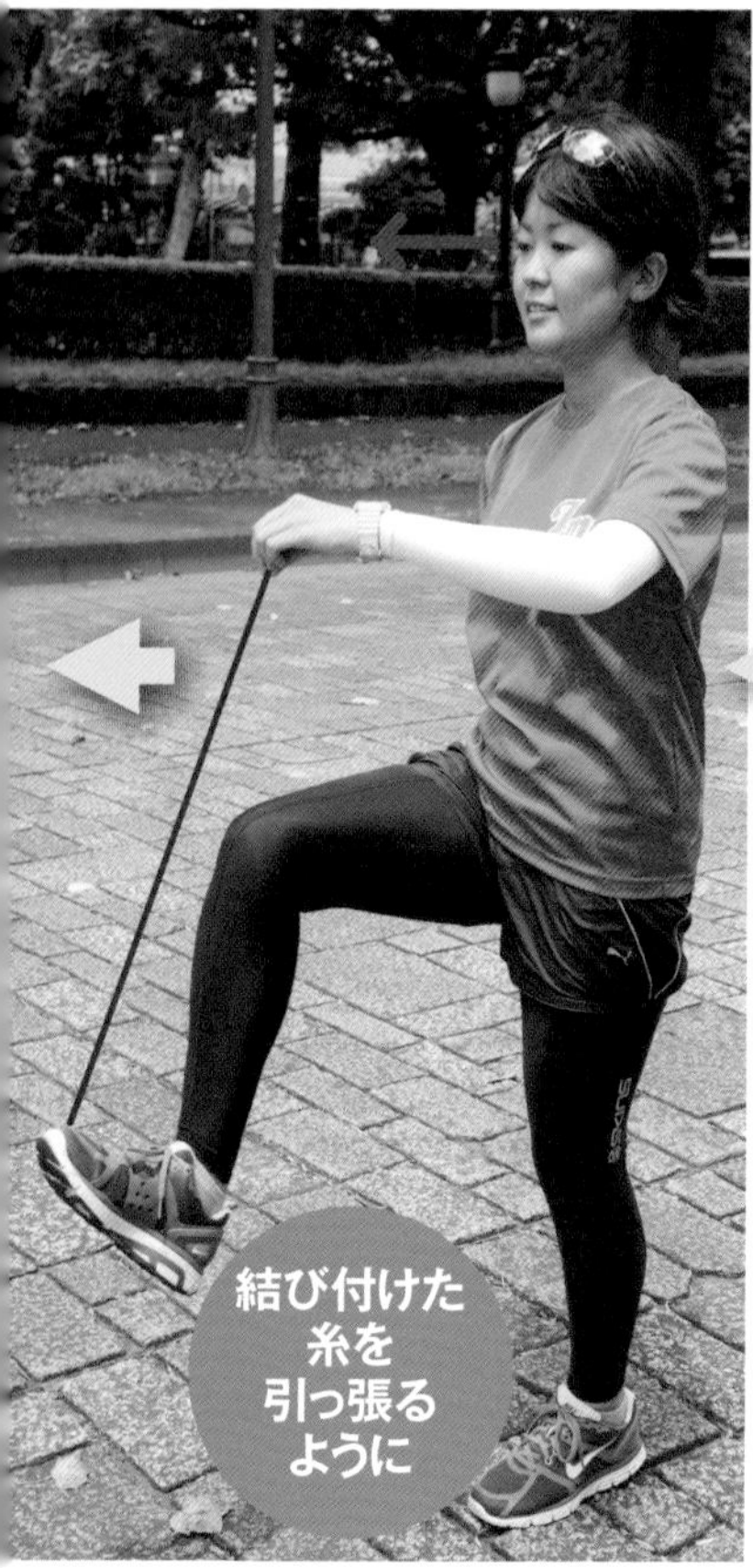
結び付けた
糸を
引っ張る
ように

足首を曲げて大腰筋を使って歩く

『マリオネットウォーキング』とは、手と足のつま先が糸でつながっているイメージで歩くこと。こうすると引き上げた瞬間、股関節と膝が同時に曲がります。

膝を曲げるとき角度が100度以上になると、股関節ではなく腹筋を使ってしまい、その動きでは走りにロスが出ます。

そこで重要になるのが足首。**足首を上げると、大腰筋を使って太ももだけを上げることができます。この大腰筋を使うことで股関節を引き上げることができ、股関節は理想的な動きになります。**

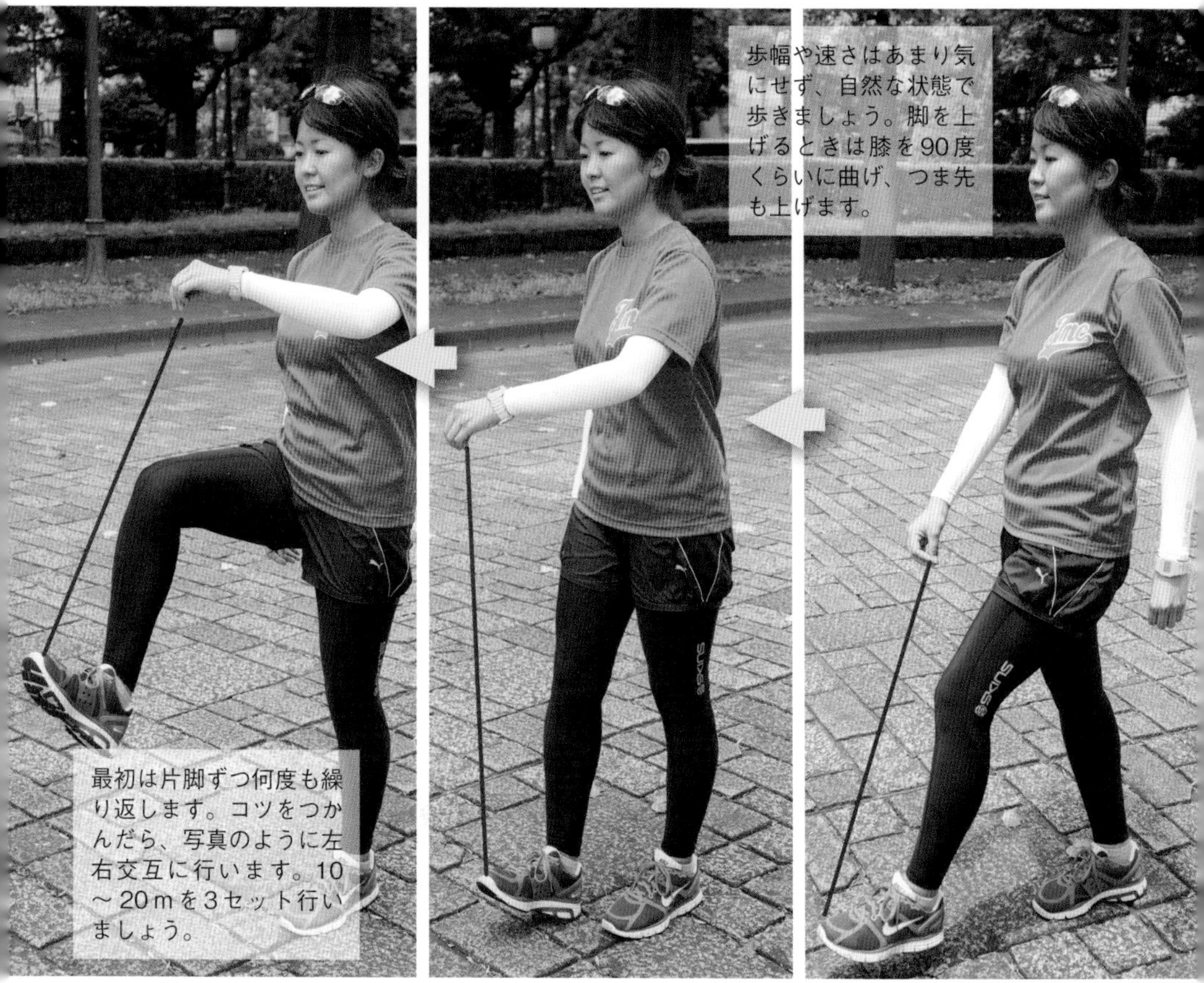

歩幅や速さはあまり気にせず、自然な状態で歩きましょう。脚を上げるときは膝を90度くらいに曲げ、つま先も上げます。

最初は片脚ずつ何度も繰り返します。コツをつかんだら、写真のように左右交互に行います。10～20mを3セット行いましょう。

ここが大事！

手と足のつま先が糸でつながっていると意識し、つま先が立つように足首を上げます。手で糸を引っ張れば、つま先が同時に上がります。手と脚の動きが連動すると、ランニングでは、無駄な力が省けます。

NG

つま先を上げず、太ももだけを上げないようにします。また、ふくらはぎも使わないこと。これらの動きでは大腰筋が使われず、股関節は引き上がりません。また、膝まわりの筋肉を使うため、膝への負担が増大します。

POINT 4

モデルウォーキングで骨盤を使って脚を出す

後ろのかかとを上げ、胸から前に出て、同時にお尻を突き出します。

Check!
胸を張り姿勢を整える
骨盤に手をあてる

お尻を突き出してキック力を収縮する

速く走るためにはキックの仕方も重要。そのための練習がお尻（骨盤）を使って歩く『モデルウォーキング』です。

お尻を突き出すように歩くと自然と後ろ脚が前に出るため、キック力が収縮でき、効率的な走りにつながります。

また、股関節は内側に曲がるので、股関節の強化にもなります。ただし、クロスウォーキング（ポイント2を参照）を習得していないとうまくできないので、クロスウォーキングのコツをつかんでから行うようにしましょう。

お尻を突き出すと、脚は自然と前に出てきます。最後に股関節を前脚のほうにひねります。この動作を加えると、次の1歩が出やすくなります。モデルになったつもりで左右交互に10～20m繰り返し歩きましょう。

ここが大事！

かかとから無理に着地しようとすると、膝が伸びてしまい胴体部から前に進むことができません。お尻を突き出して歩くことによって、自然とつま先立ちになるので、それらが改善されます。

NG

肩が前に出て腰だけをねじっています。この動きでは股関節がねじれているため、お尻（骨盤）は使われていません。また、腰を痛めてしまう可能性もあるので、腰は決してねじらないようにしましょう。

POINT 5

ジャンプで走るときの衝撃に耐えるための脚をつくる

適度な衝撃が骨密度を上げる

そもそもランニングはジャンプ運動の繰り返しです。『その場ジャンプ』や『ウォーク&ジャンプ』などの練習で、ジャンプ力の強度を上げ、**ジャンプの衝撃に耐えられる体づくりが必要になります。**

また、**足の裏から衝撃を吸収するジャンプ練習はケガをしない体づくりにもつながります。**なぜならば、人間の体は衝撃を受けることで、骨密度が上がるからです。

大切なのはジャンプ練習の頻度。ジャンプ練習は毎日行っても意味がありません。トレーニングの中で取り入れて体に衝撃を与えましょう。ジャンプの強度が上がれば、ランニングの後半もジャンプ力が低下しないので、スピードを持続できます。

のぼる（低強度）

少し段差のあるところ選んでジャンプをします。ひじを90度に曲げて親指を立て、両腕を後ろに振り出したら大きく真上にジャンプするようなイメージで跳びます。このとき、膝はできるだけ曲げないようにすることがポイントです。

ここが大事！

両腕を振り子として使えば、体の重心も一緒に引き上げられるので、より高くジャンプできます。ジャンプをするときは大きい動作で、両腕を高く引き上げることを忘れずに。

NG

ジャンプトレーニングは体に衝撃を与えるため、衝撃に耐えうるだけの筋肉がついていないと体を壊してしまいます。必ず筋トレ（ポイント 45 ～ 49 を参照）を行い、体のベースをしっかりつくってから取り組むようにしましょう。

POINT 6

ランニングはジャンプでスピードに乗る

より速く走るためにジャンプ力を高める

トップランナーたちがスタート地点でジャンプをしているシーンを見かけたことがありませんか？　これはランニングをするときに**その場で軽くジャンプをすると、その勢いが継続されるので、すぐにスピードに乗ることができるからです。**

『その場ジャンプ』ではこのスピードに乗る練習をします。方法は全身バネになったイメージで両脚でジャンプをするだけです。また、ジャンプにより重心を高い位置でキープできるので、歩幅の増強にもつながります。

地面をトランポリンだとイメージし、上半身を大きく使って真上にジャンプ。膝を曲げずに着地をしたら、その反動で再びジャンプ。

ここが大事！

ジャンプの回数は1度につき3回まで。というのも3回目が一番高く跳べ、それ以上行ってもジャンプ力は低下するからです。1回目、2回目で勢いをつけて、3回目で高くジャンプします。

NG

着地のときに膝を深く曲げないこと。膝を曲げるとどうしても動作が止まってしまい、高く跳ぶことができません。走るときにピョンピョン上下に跳ねるように走って見える人の多くは、着地時に膝が曲がっています。

POINT 7

ウォーク&ジャンプでフォームの確認をする

ジャンプ時も理想のフォームをキープ

理想的なランニングフォームに近づいてきたら、ウォーキングの中に少しずつ走る動きを加えて、フォームを確認していきます。

ランニングは小さなジャンプを繰り返す激しい運動なので、まずはウォーキングの中にジャンプを挟む『ウォーク&ジャンプ』を行います。**ジャンプ時は目線と重心を意識し、フォームがジャンプによって乱れないように注意しましょう。また、この運動は心肺機能の向上や筋力づくりにも役立ちます。**

『ウォーク&ジャンプ』で衝撃とスピードに慣れたら、レベルアップして、ウォーキングの中にジョギングを少し加える『ウォーク&ジョグ』を行い、徐々にランニングの量を増やしていきます。

Check!

目線はまっすぐ前を見る

「サンドイッチ」の状態とはお腹と背中をサンドイッチするように下腹部を押し込んだ状態です。正しい姿勢をキープしてから歩き出しましょう。

お腹を背中側に押し込むように

ジャンプは
10 歩に一度の
割合で
サンドイッチ
の状態で
一歩ジャンプ

10歩程度歩いたら片脚を使ってジャンプし着地します。そのままの勢いで再び歩き反対の脚でジャンプします。これを左右10回ずつ繰り返しましょう。

ここが大事！

「サンドイッチ」の状態でまっすぐ前を見ましょう。フォームができていれば重心移動もスムーズになります。『ウォーク＆ジョグ』ではウォーキングから徐々に加速してジョギングを行い、10～20歩走ったら再びウォーキングに。

NG

目線が下がってしまうのはNG。目線が下がってしまうと、上半身が猫背になって、姿勢が前に倒れます。その要因のひとつとして、腹筋の弱さがあります。理想的な姿勢維持のためにも腹筋を鍛えましょう。

POINT 8

スキップでリズム感・姿勢・ジャンプ力がよくなる

走りの総合的なトレーニングになる

スキップはランニングで理想とする体づくりができるトレーニングです。

スキップをすると**リズム感を養うことができるので、テンポよく走ることにつながります。また、ランニングより高いジャンプになるため、重心も高くなります。さらに、顔はまっすぐ前を向くので姿勢がよくなり、力まないリラックスした状態がキープできるのです。**

方法は10～15mスキップした後、走り出します。さまざまなスキップで体を刺激しましょう。

「タッタタン、タッタタン」のリズムを頭で刻んでからスキップをして、走り出します。普通のスキップができたら、細かいスキップや大きいスキップを行いましょう。

ここが大事！

普通のスキップ、細かいスキップ(歩幅を小さく)大きいスキップ(歩幅を大きく)を繰り返します。また、テンポを速くしたり、遅くしたりもしましょう。とくに遅いスキップは速く走るための練習にお勧めです。

One more Point

自分もマリオネットのように

さらに姿勢をよくするには、頭の先が糸につるされている状態、つまり自分自身がマリオネットになっているようなイメージを持つことです。この状態を意識してスキップを行えば、姿勢が改善されるだけでなく重心も上がりやすくなります。

POINT 9

バックスキップで脚の回転力をさらに強化する

「気をつけ」の姿勢から始めると、きれいなフォームが保てます。後ろに10～15mスキップした後、そのまま前に走り出しましょう。

ハムストリングスを使って脚の回転力を上げる

ポイント8で紹介した普通のスキップや細かいスキップ、大きいスキップができたら、最後に『バックスキップ』を行います。方法は後ろに10～15mスキップをした後、切り替えして前に走ります。

後ろに下がると、**太ももの裏側（ハムストリングス）の筋肉が〝ぜんまい〟のように巻かれた状態になり、前に進むことで、そのぜんまいがほどけた状態になります。そのため、脚の回転力が増加します。**スキップ練習はランニングの質を上げる練習に取り入れるのがお勧めです。

Check!

目線は
まっすぐ
前を見る

気をつけか
らスタート

ここが大事！

目線はまっすぐ前、上体を残したまま、脚から出るイメージで後ろにスキップします。バックスキップしてから、前に走り出すと脚の振り出しがラクになり、スピードが出ます。

NG

顔を上げすぎてしまうと、バランスを崩して転倒する恐れがあるので気をつけること。また後方に進むので、後方に人がいないか、車がきていないかなどの安全を確かめ、広い場所で行うようにしましょう。

POINT 10

体のアンバランスを改善して疲れにくい走りに

まずは肩のラインでアンバランスさを確認

人間の体は左右どちらかに傾いていることが多く、意外と本人は気づいていません。仮に**体のバランスが崩れたままの状態で走っていると無駄な力を使ってしまうため疲労度が増してしまいます。**そうならないためにもまずは鏡の前で自分の体のラインを確認し、歪みを知ることです。わかりやすいのが肩のライン。どちらかの肩が高ければ高い側の筋肉が硬く、反対側の筋肉が縮まっている、アンバランスな状態と言えるでしょう。

次に、**左右のアンバランスを改善するストレッチを行います。**ストレッチ後、すぐに走ってみて普段よりスムーズに走れている感覚があれば、一時的にバランスがよくなっている証。この感覚を覚え持続するよう心がけましょう。

体のバランスをチェック

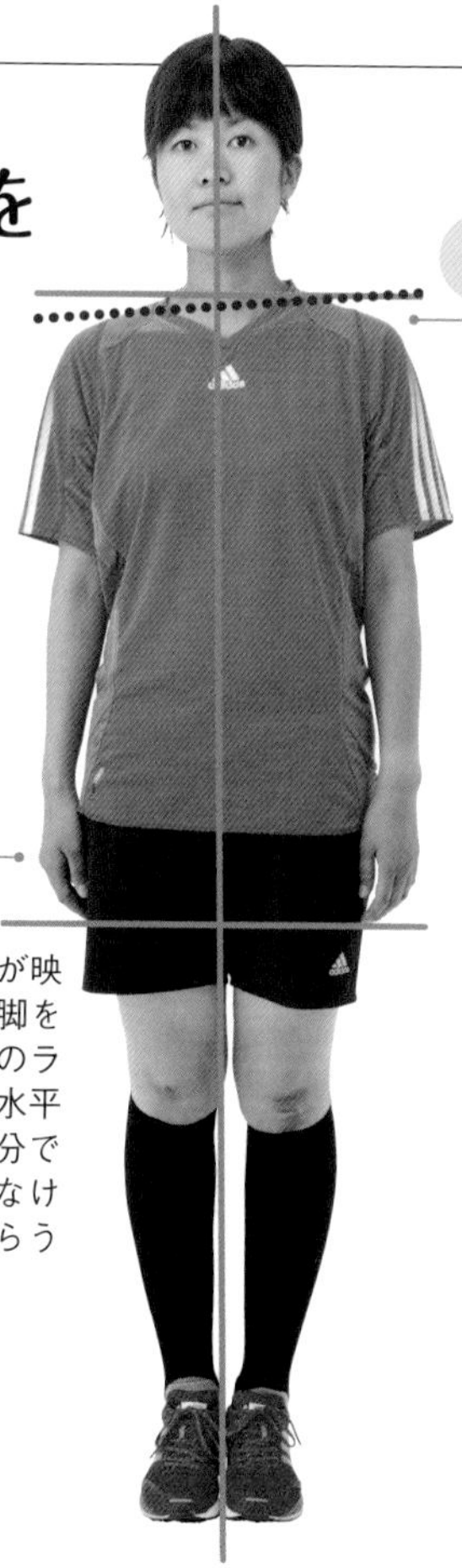

Check! 肩のライン

モデルの女性は左肩が少し上がっています。

Check! 腕の位置

鏡（できれば全身が映るもの）の前で、脚をそろえて立ち、肩のラインや腕の位置が水平かをチェック。自分で見てもよくわからなければ、人に見てもらうとよいでしょう。

バランスを改善するにはここが大事！

肩が上がっている症状を改善するためにストレッチを行います。

※写真は左肩が上がっている場合

1 首の横から肩をストレッチ

肩が高いほうの手を腰にあて、反対側の手を頭に置き、ゆっくり呼吸をしながら首を倒します。息を止めずに30秒キープ。

NG 腰にあてている手が体から離れてしまうと、効果が半減するので気をつけること。

2 体を側屈する

肩が低いほうの手首を反対側の手でつかんだら、両腕を上にあげて低いほうとは逆にゆっくり体を倒します。手首をつかんだまま30秒キープ。

Back

腕を耳のラインにつけるのがポイント。

10km&ハーフマラソン 対策

レースに参加して体のバランスをチェック

体のバランスを確認するために、10kmやハーフマラソンにチャレンジするのもよいでしょう。その際、ややオーバーペースで走ることが重要です。というのも体力は限界に近づけば近づくほど体のバランスが崩れやすくなるため、オーバーペースで走ると自分本来のバランスを確認することができるのです。

早い段階で体のアンバランスがわかれば、ストレッチで改善することができるので、よりよい量や質のトレーニングにもつながります。

まずは10kmのレースに、その後ハーフの大会に参加して、自分の体の歪みやバランスを認識しましょう。

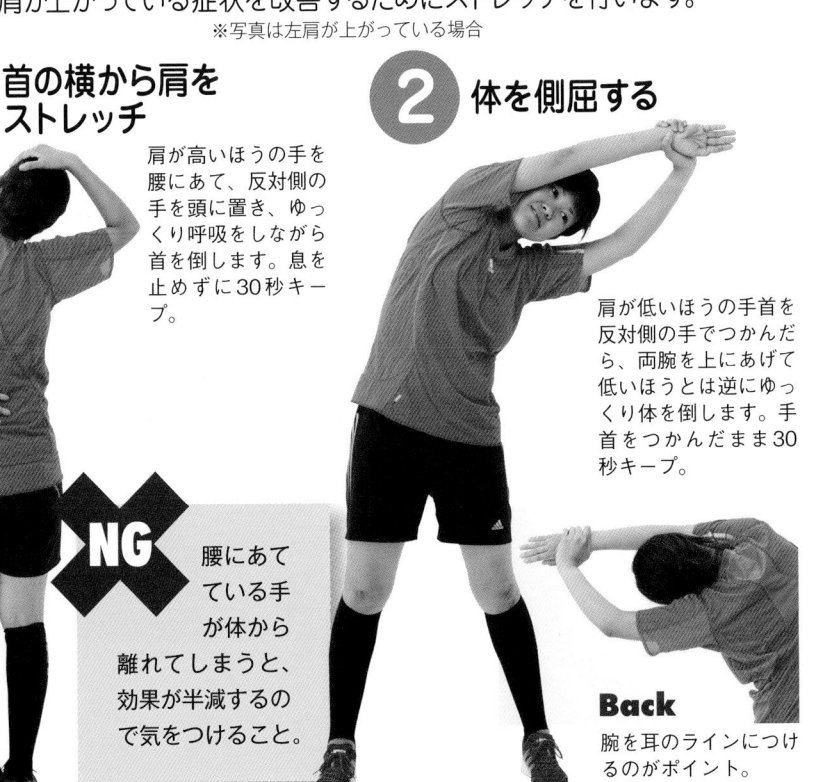

POINT 11

腕振りのバランスが変われば無駄のない走りが実現

腕振りバランスをチェック

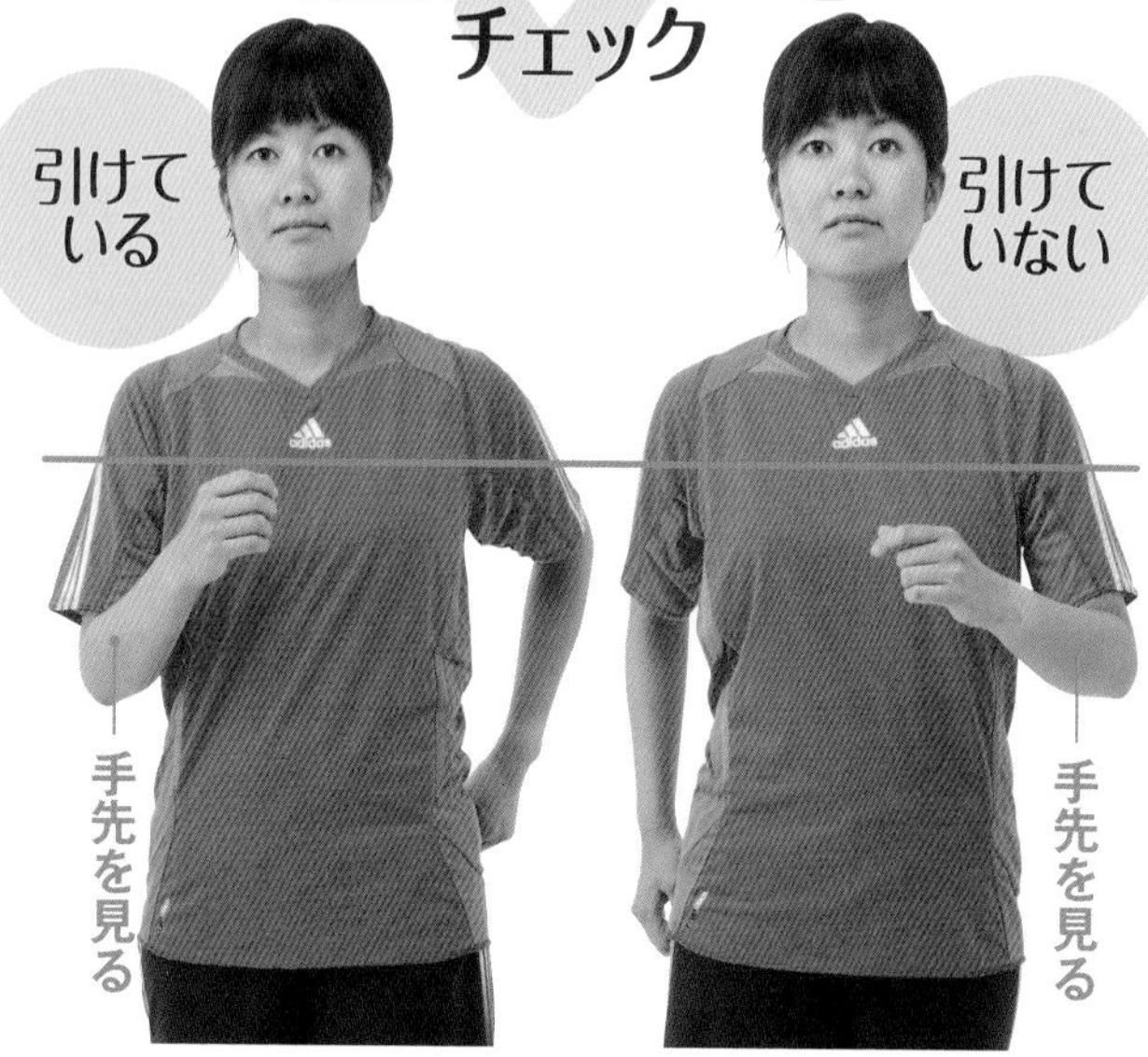

引けている
引けていない
手先を見る
手先を見る

Back

前方から見た場合は手先が上がっているほうが引けています。後方から見た場合は脇が締まっているほうが引けています。

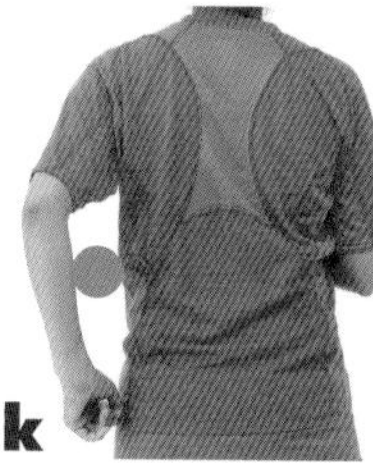

Back

肩甲骨まわりを柔らかくして腕振りバランスを調整

体のバランス同様、**腕の振り方も左右アンバランスでは走りに無駄が生じます。**腕振りを確認するには、鏡の前に立って腕を振ってみます。手先の高さが下がってしまうほうが、腕の引きが弱い状態です。後ろから確認する場合は、ひじと体の空間が大きいほうが引けていません。腕の引きが弱い方は肩甲骨まわりの筋肉が硬くなっているため、ストレッチを行って柔らかくします。また、肩の筋力不足で腕が引けない場合は、強化する筋トレを取り入れましょう。

腕振りを整えるにはここが大事！

腕が引けていない状態を改善するためにストレッチまたは筋トレを行います。

1 肩甲骨まわりのストレッチ

肩甲骨まわりの筋肉が硬くなっている場合はストレッチを。腕の引きが弱いほうの手先を肩につけ、ひじを前に上げます。ひじを耳の高さに上げて横に持っていき、ひじを横から下ろします。これを10～20回行います。

※写真は左腕が引けていない場合

2 肩まわりの筋肉を鍛える

肩まわりの筋肉が弱い場合は筋トレを。腕の引きが弱いほうのひじを曲げて、ゆっくり後ろに引いていきます。次に手の平を上に向け、ひじから先を曲げ伸ばします。弱いほうのみ5回行います。

※写真は右腕が引けていない場合

POINT 12

フォームのバランスをできるだけ長く保つために利き脚を知る

エアサッカーで蹴った脚を確認する

知っているようで意外と知らないのが自分の利き脚です。フルマラソンのように長い距離を走ると、最後は利き脚だけで走っているようになってしまいます。**できるだけ長くきれいなフォームのバランスを保つためには左右の脚のバランスも重要。そのためにサッカーのフリーキックの素ぶりをして利き脚を確認します。**

左右どちらかでボールを蹴ったとき、蹴りやすいほうが利き脚、もう片方がキックの支えになる添え脚です。利き脚と添え脚の筋力やバランスが悪いと左右の歩幅に大きく差が出てしまうため、フォームバランスも悪くなってしまいます。

この左右差を解消するために股関節のストレッチ（ポイント34を参照）を行います。

利き脚をチェック

架空のサッカーボールを思いきり蹴って、キックしやすい脚をチェックします。蹴ったほうの脚が利き脚になります。

ここが大事！

利き脚は体の内側に、添え脚は体の外側に倒れやすい傾向にあります。改善するためには利き脚は外から内に、添え脚は内から外に回す股関節のストレッチを行うと（ポイント34を参照）、左右のバランスがよくなります。

One more Point

フォームは必ず崩れるものと知る

フォームに正しいフォームは存在しません。なぜなら、人それぞれで骨格や生活習慣が異なりこれらが正しいフォームに関連してくるからです。そのため正しいフォームではなく理想のフォームを追求し、よい姿勢を保つことが大切。ただし、ランニングでよい姿勢をキープし続けるのは至難の業。フォームは崩れるものだと割り切り、普段から姿勢をよくすることを心がけましょう。

POINT

13 有酸素運動を維持するために心拍数を目安に走る

有酸素運動の範囲にあたる心拍数で練習をしましょう。

LT値の代わりに心拍数を目安にする

有酸素運動とは酸素を脂肪や糖質と結びつけ、エネルギーに変えながら行う運動。**マラソンではこの有酸素運動を維持し乳酸をためずに走ることが重要です。**

マラソンで有酸素運動を維持するには自分のLT値を知ることです。けれどLT値を測定するのは難しいため、最高心拍数から計算した特定の心拍範囲を目安にします。左の計算式から自分の心拍数を出しましょう。通常は運動強度を50～60％にしますが、**練習では60～70％にした数値で行うと効率よくできます。**

有酸素運動はここが大事！

1 乳酸をためない範囲で走る

血液中の乳酸濃度が３～４㎜モルで、LT値（乳酸性作業闘値）を越えなければ、乳酸がたまらない状態でランニングが行えます。

※血液中の乳酸濃度、LT値を測定するのは難しいので下記の計算式をもとにした心拍数を目安にします。

2 運動強度は最高心拍数の約 60％強

有酸素運動の運動強度は最高心拍数の50～60％が理想。これ以上になると、脂肪を効率よく燃焼できず乳酸がたまってしまいます。

※運動強度とはどれくらい体に負担がかかっているかの目安。

3 自覚的運動強度（RPE）も基準に

呼吸が乱れず有酸素運動を保つには、自覚的運動強度を11～13の段階＝「楽である」～「ややきつい」と感じる程度にすること。

※自覚的運動強度とは成人の心拍変動が60～200拍／分を安静時６、最大疲労困ぱい時20の段階で示したもので、本人の気持ちが優先される指標。

LT値を知るために心拍数をチェック

心拍数＝（最高心拍数－安静時心拍数）×運動強度（％）＋安静時心拍数

※最高心拍数は220から年齢を引いた数値を基準とします。
※安静時心拍数は血圧を測った際に出る数値を基準とします。

例：30歳で安静時心拍数が70だった場合

（190－70）×50％＋70＝130

LT値（乳酸性作業闘値）とは乳酸が発生するギリギリの値のことで、個人により異なります。また、有酸素運動か無酸素運動かの指標にもなる数値です。正確なLT値は血液検査や呼吸量測定などから調べることが可能。LT値の範囲内で運動をすれば、長時間のトレーニングが行えます。ちなみに、プロのランナーたちはLT値範囲内で、驚異的なスピードで走れるようにトレーニングしています。

POINT

14

走りのレベルを上げるには シューズ&ウエアにもこだわる

シューズ選びとケアが大切

シューズ選びで最も重要なのがサイズ。オーバーサイズにならないように、**靴を履いた後、かかとで地面を2回たたいて確認しましょう。**

また、自分の正しい足のサイズを知るには、専門ショップのサイズ計測器を利用するのもお勧めです。

シューズを長持ちさせるには定期的に洗って休ませることも大切。シューズが傷んだ状態では走りに悪い癖が生じてしまい、体の痛みにもなりかねません。新聞紙を詰めたりして**常にシューズの湿気を取っておくことも心がけましょう。**

シューズ選びはここが大事！

シューズは軽さだけでなく、ソールの厚みや硬さ、構造なども踏まえて選びましょう。ワンランク上を狙うなら、ソールが柔らかく、素足に近い感覚で走れるタイプを。

Supernova

汗をかきやすい場所の通気性を最大限確保する、地球に優しいリサイクル素材で作られたメッシュアッパーが特徴。前足部の柔軟なBounceフォームとヒールの反発力のあるBoostフォームが相まって快適なクッショニングによる走りを促す。アディダス／スーパーノヴァ

adizero Boston 9

ペースアップを目指すランナーのために作られたもの。第二の肌のようにフィットするメッシュアッパーが、ハイスピードでのサポート力を発揮。ヒールには反発力のあるBoostフォーム、前足部には非常に軽量なLightstrikeを配し、素早い蹴り出しに貢献する。アディダス／アディゼロ ボストン9

その他の便利なアイテムもチェック

レッグカバー＆アームカバー

ストレッチ効果で運動時のふくらはぎや腕を疲れにくくします。

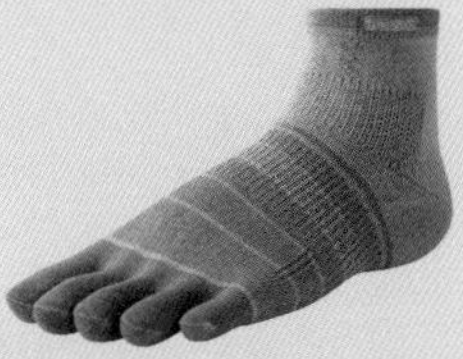

5本指タイプソックス

ソックスがだぶついているとシューズの中で足が擦れてしまいます。立体構造で5本指タイプなら、指の間のスレも軽減。

サングラス

ノーズやテンプルが可動するタイプを選び、顔にフィットさせること。光の入り方も確認しましょう。

帽子・バイザー

夏、冬にかかわらず紫外線対策は必須。バイザーは速乾性がありサイズ調整が可能なものを。

ウエア選びはここが大事！

アンダーウエアは疲労をとるだけでなく、運動機能に合わせた着圧を施すタイプや、走りをサポートする高性能ものを選ぶようにしましょう。

よりパフォーマンスを向上させるスーパーウエア

（写真右）肩甲骨、広背筋、腹斜筋など、からだ全体を効率のよい動きへと導き、運動時の疲労を軽減する。ワコール／CW-X スピードモデル。（写真左）軽さとはきごこちを追求したタイツ。ワコール／CW-X ジェネレーターモデル2.0

汗の吸収&発散で体温保持

ランニング時は体温の変化が激しくなるため、**ウエアで体温調節を行い、常に快適な走りをキープすることです。**

お勧めは体にぴたっと密着するタイプのアンダーウエア。このタイプは皮膚についた汗を吸収し、かつ発散するので、体温が必要以上に上がりません。夏はTシャツ1枚よりも、アンダーウエアの上にTシャツを重ねて着たほうが体温の上昇を最小限に防げます。冬はアンダーウエアを2枚重ねて着ましょう。

POINT 15

走りをサポートする小物選びも大切なポイント

小物選びはここが大事！

ライフログを分析できるランニングウォッチを上手く活用すれば、専属トレーナーの役割も果たしてくれます。

ForeAthlete 245 Music

音楽再生機能と先進のトレーニング機能搭載のGPSランニングウォッチ。現在の状況を評価し、トレーニング不足や過度を示してくれます。GARMIN ／ ウェアラブル

ランニングダイナミクスポッド

心拍ベルトを装着することなく、ダイナミクスデータを測定しトレーニングフォームを確認します。GARMIN ／ ウェアラブル

ウォッチ型のライフログを活用して自分の走りを管理

ランニング用の小物は積極的に取り入れ、走りをアシストするのに役立てましょう。中でもトレーニングに活用してほしいのが「ランニングウォッチ」です。

ランニングスタイルを記録するライフログやスマートウォッチはアクティビティを追跡、保存、計画したり、ピッチやストライド幅などランニングフォームの分析も可能です。また、GPS機能を利用して、ランニングの距離や速度、時間、消費カロリーなどを記録し、互換性のあるデバイスと連動することも可能です。

スマホアプリでラン情報を可視化

健康的にランニングライフを送るためのアプリ。健康管理はもちろん、記録更新に必要な情報が可視化できるのが魅力です。

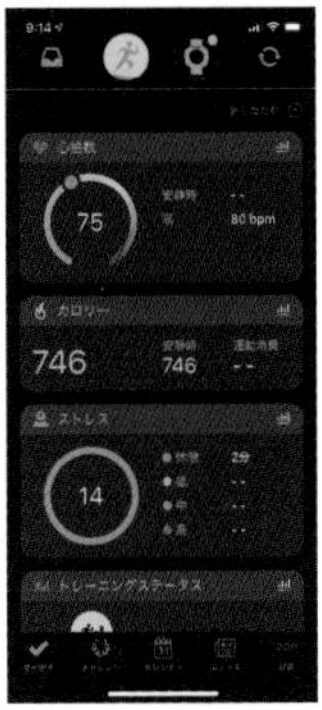

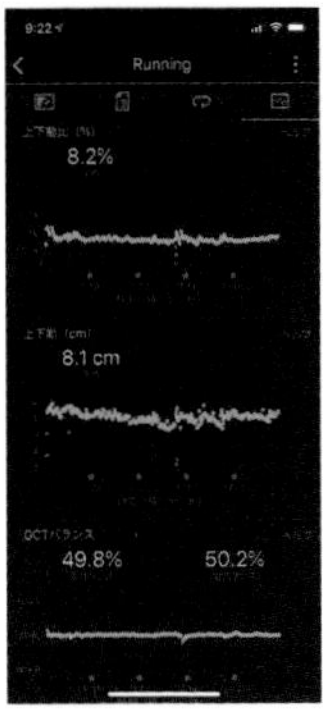

Garmin Connect™

走行データはもちろん、ランニングフォームを可視化できるスマホアプリ。互換性のある（1）Garminデバイスとペアリングすると、ライフログを初めとして、Garmin Connect™の様々なサービスを利用できます。 新しいワークアウトを作成したり、コースを構築したり、友達に挑戦して競い合ったり、すべてこのアプリでできます。トレーニングがレース用であろうとトラッキングステップ用であろうと、日々の記録を更新するのに必要な情報とインスピレーションを提供します。

日々のコンディショニングもチェック

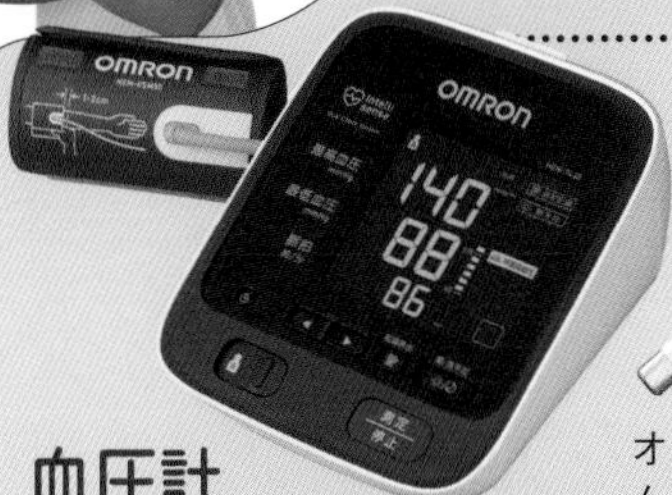

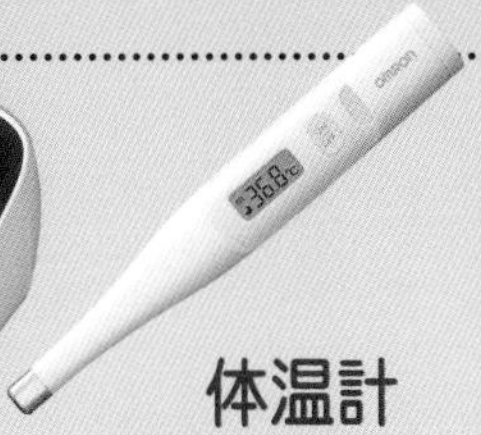

血圧計

オムロン自動血圧計 HEM-7430。簡単にぴったり巻けるので毎日測定するのもラク。

体温計

オムロン電子体温計けんおんくん MC-675。わきで測れるもののほか、耳で検温するタイプならより時短に。

体重体組成計

オムロン体重体組成計 カラダスキャン HBF-701。体脂肪や内臓脂肪レベル、部位別皮下脂肪率なども測定できます。

「平熱は何度ですか？」という質問に「36度」と答えた人は自身の平熱がわかっていない証です。ランニングを上達させるためには自分の体温、体組成、血圧を知っておくことが重要。まずは日々この3つを測る習慣をつけましょう。体温や血圧は簡単に測れるものがあり、体組成も体重体組成計に乗ればすぐに測定できます。週単位、月単位の変動がひとつの指標になります。

POINT 16

〝なりたい自分〟をイメージしてモチベーションを高める

なりたい自分をイメージすることが上達につながります。

高い志を持てばやる気もアップ

ワンランク上をめざすにはモチベーションを高めることが大事。まずは、**自分がどうなりたいのかをイメージしましょう。**その際、フルマラソンだけに捉われず「トレイルランニングに挑戦したい」「100㎞を10時間以内で走る」など、視野を広げて考えてみましょう。より高い志を持つとマラソンを完走するという壁は低く感じるため、モチベーションもアップします。**具現化するにはいつまでに達成したいかなども考え、紙に記しておくとよいでしょう。**

モチベーションアップはここが大事！

1 なりたい自分をイメージ

「アスリート体型になる」「タイムをあと30分は縮める」「海外マラソンに出場する」など、何でもかまいません。できるだけ、具体的な夢を持ってイメージしましょう。

2 いつまでに達成するかを考える

描いた夢や目標をいつまでに達成したいかを考えます。大きな目標の場合であれば、達成時期が１年後、３年後になってもかまいません。また、達成時期は変更してもかまいませんが、目標は見失わないことです。

3 目標を紙に書く

夢や目標は文字に書くことでより身近になります。自分がよく目にする手帳や日記などに書いて持ち歩くようにしましょう。目標を頻繁に確認することで脳が洗脳され、やる気がわいてきます。

10km&ハーフマラソン 対策

10kmやハーフの大会でも自己新記録をめざす

10kmやハーフマラソンでも自己新記録を出さなければ、本レースでよい結果は望めません。そのため、これらのレースでは、フルマラソンよりタイムを若干早めに設定し、本レースをイメージして自己新記録を狙いましょう。

10kmやハーフマラソンは本レースまでに３～４回出場することも大事です。そして、どれくらい疲労度があったのかが重要になってきます。

例えば、10kmのレースでラクに走れたら、次は同タイム設定でハーフマラソンにチャレンジすること。すると、幅の広い練習になりタイムアップも狙えます。

また、同じタイムが続いても、余裕を持ってゴールをしていれば、レベルアップしていることは確実です。

これらの大会で自己新記録が出れば自信になるため、よりトレーニングに身が入り、モチベーションを上げての練習が行えます。

なお、10kmやハーフマラソンはフルマラソンとは異なり内臓への負担は少ないので、３～４回出場しても問題ありません。

POINT 17

やる気を継続させるためには ライフスタイルを変える

朝の活動次第で1日の過ごし方が変わり、モチベーションキープに。

朝の過ごし方を変えて生活をトレーニングに

モチベーションがアップしても、それをキープするのは意外と難しいものです。けれど、日々の生活スタイルやちょっとした意識を変えることで、やる気が自然と継続します。

とくに**朝の過ごし方を変えれば、気持ちも切り替わり、1日の過ごし方も変わってきます。**すると、歩数を気にしたり、通勤用の靴をウォーキングシューズに変えたりなど、自然と体を動かすことを意識し始め、日々の生活自体をトレーニングにつなげようとするものです。

モチベーションキープはここが大事！

1 朝の活動がキーポイント

人は朝日を浴びると体内時計がリセットされ、交感神経が優位になるため体が活動的になります。カーテンを開けたまま就寝し、朝日で目覚めた後、朝練習を行うのがお勧めです。

2 生活をトレーニングにつなげる

電車の中で気をつけの姿勢をしたり、飲み物を買いに行くついでに走ったりなど、生活の中の小さなこともトレーニングにつなげていきましょう。

3 食事・睡眠・練習を意識する

日々、効果的な練習方法や食事、睡眠を意識して具現化していくことです。

メンタルの強化もチェック

苦しいトレーニングを行い、自分自身を奮い立たせたり追い込んだりすることは、メンタル強化につながります。そのため、時々、LT値を超えた無酸素運動も取り入れましょう。また、本レースで緊張してしまう人は、自信をつけるトレーニングを繰り返しましょう。トレーニングを通してメンタルを強化すれば、必ずステップアップにつながります。

自分を追い込む

「もう力が出せない、限界だ」と思うぐらいまで、徹底的にトレーニングを行います。山の中を走ったり、階段を繰り返しダッシュしたりするのもよいでしょう。自分の体をいじめるつもりで取り組むことです。

友達を巻き込む

友達やコーチと一緒に合宿練習を行いましょう。誰かが一緒にいることで、苦しいトレーニングも乗り越えられます。

緊張を想定する

人前で話しているシーンなど、緊張する場面を想像しながらトレーニングを行います。すると結果的にレース中のメンタルタフネスにもつながります。

POINT 18

体力テストの実施で目標を明確にする

体力テストを定期的に行うことで目標がはっきりと見えてきます。

体力テストはゼロの状態にしてから行う

フルマラソンで完走するためには、自分のトレーニングメニューを作成する必要があります。そのためにはまず自分の体力を知ることが大事。

体力テストを行う場合はレースに参加した直後はさけます。その場合は2週間から1ヵ月ほどあけ、体の疲れを取り、その期間は練習量を落とします。こうして体をリセットした状態に戻してから、体力テストを行いましょう。

トレーニング期間はレースまで6ヵ月ほどあるとよいでしょう。

体力テストのコースはここが大事！

1 距離が明確にわかるコース

体力テストで走る距離は5㎞を目安にします。走るコースの距離が明確にわかる場所がベストです。

2 できるだけフラットなコース

ゼロ状態での体力を知りたいので、いろいろな負荷がかかるようなコースでは数値にばらつきが出てしまいます。

3 毎回同じコース

毎回体力テストを行う場所は同じにします。

基礎体力もチェック

腹筋

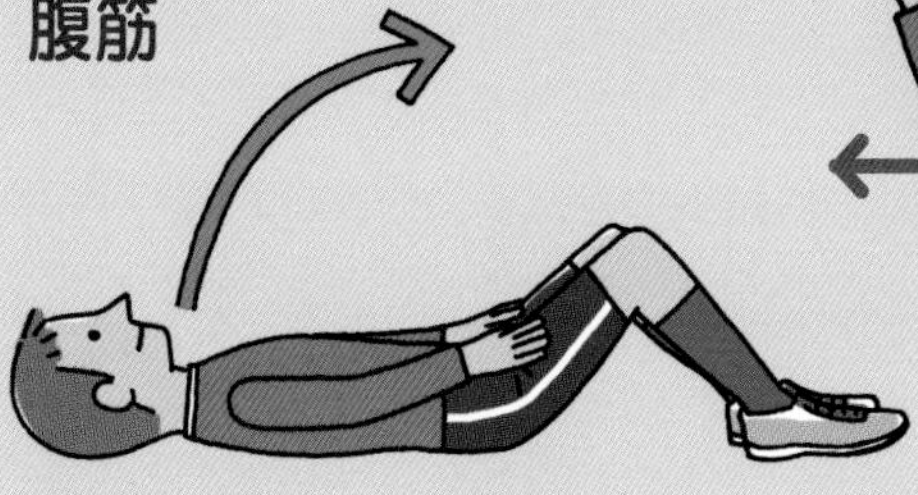

両膝を90度くらいに曲げ、両手は太ももの上に置きます。そのままゆっくりと上体を起こします。

スクワット

まっすぐ前を向き、両腕を頭の上で合わせ、背筋を伸ばしたままゆっくりと腰を下ろします。このとき、膝はつま先より前に出ないようにします。そしてゆっくりと立ちます。

腕立て伏せ

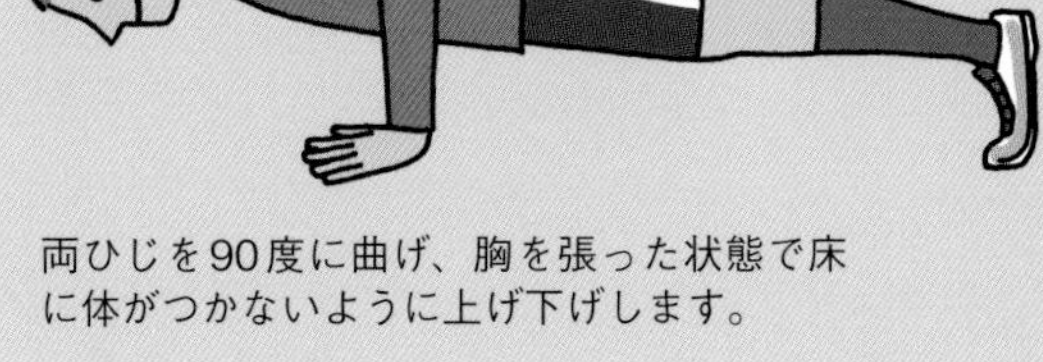

両ひじを90度に曲げ、胸を張った状態で床に体がつかないように上げ下げします。

5㎞のタイムのほかに、基礎体力も計測しておきましょう。ランニング後に「腹筋」「腕立て伏せ」「スクワット」を30秒間に何回できるかを毎回記録します。

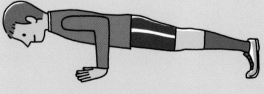

POINT 19

体力テストではコンディションを整え、心拍数を設定する

本番レース同様、しっかりとした準備をしましょう。

本レース同様の心拍数でタイムをチェック

体力テストは万全なコンディションで行う必要があります。睡眠、食事、練習量を調整し、疲れのない体で臨みましょう。テスト当日は、しっかりと食事を取り、十分な水分補給も行ってください。

テストでは心拍数が重要です。本レースに近い状態で設定し、その範囲で走った結果が基準になります。

ウォーミングアップを徐々に行い、体温が上がってきたら、テストを開始します。テスト後はクールダウンを行い、体を冷やさないようにしましょう。

体力テストはここが大事！

1 ウォーミングアップとクールダウン

あらかじめ設定した心拍数に上げるために、徐々にウォーミングアップ（ポイント33～37を参照）を行います。汗をかく状態になるまで約10～20分間取り組みましょう。テスト後は、しっかりとクールダウン（ポイント38～44を参照）も行いましょう。

2 水分補給と食事を取る

テストの3～4時間前に食事を取り、1時間前にはゼリー飲料などで糖質も取っておきましょう。とくにスタート前はしっかり水分補給も行うこと。体力テストに備えて体調を万全に整えておくことが大切です。

3 心拍数を設定

運動強度を60～70%にした心拍数を設定します（心拍数の算出法はポイント13を参照）。5㎞を全力疾走するのではなく、設定した心拍数の範囲内で走り、タイムを測定します。

10km&ハーフマラソン 対策

運動強度を80～90%にした心拍数でチャレンジ

10㎞やハーフマラソンでは、目標タイムではなく、心拍数を設定して走るのもよいでしょう。

心拍数を設定して走ると、タイムに変動が生じるので、走りながらその推移をチェックすることです。そしてレース後はその変動をしっかり検証し、練習にいかしましょう。

またこれらのレースで心拍数を設定するときの運動強度は体力テストより高めにすること。70～80%もしくは80～90%にしてもかまいません。なぜなら通常乳酸がたまるまでには40～45分、糖質が燃えるまでには90分の時間を費やします。そのため運動強度を80～90%にした心拍数でハーフマラソンを走ると、ぎりぎりエネルギーを保つことができる、体力の限界の状態で走ることができるのです。こういった苦しい状態で10㎞やハーフマラソンを走れば、スキルアップになるのはもちろん、メンタル強化にもつながります。

また、運動強度を80～90%にした心拍数でスタートするには、しっかりしたウォーミングアップも重要です。

再テストはレース本番までに3回実施するのがよい

理想は再テストを２カ月ごとに３回実施することです。

前回と同じ条件で行い トレーニング効果を確認

体力テストを行ったら必ず再テストを行います。**再テストは前回のテストから2ヵ月前後を目安に行い、本レースまでに3回実施するとよいでしょう。**するとトレーニング効果や体の変化がわかり、自分の状態を客観視することができます。

再テストの際は**前回のテストとコース、コンディショニング、ウォーミングアップ、心拍数など同じ条件（できれば天候も）で行います。**再テストの結果を指標にして、再度トレーニングメニューを考えてみることです。

再テストはここが大事！

再テストの考え方

練習スタート

0ヵ月
体力テスト１回目

※トレーニング

2ヵ月
体力テスト２回目

※トレーニング

4ヵ月
体力テスト３回目

※トレーニング

6ヵ月
レース本番

前回のテストと
同じコース、
距離、時間帯にする

心拍数は
本レースと同じ状態で

前回のテストと同じ
ウォーミングアップを行い、
設定した心拍数まで上げる

理想的な
スケジュールを
考えると…

再テストの結果をチェック

タイムが上がったら……

前回のテストよりタイムが短縮していたらトレーニングの効果が出ています。さらにタイムを縮められる可能性があるので、今後のトレーニングでは質練習（ポイント28を参照）を増やしましょう。

タイムが下がったら……

前回よりタイムが落ちてしまった場合はトレーニング法が間違っているか、練習のやりすぎです。トレーニングメニューを見直し、問題点を検証しましょう。疲れている場合もあるので、一度体をゆっくり休ませて疲れを取りましょう。

POINT 21

これまでの自己記録を検証し、目標タイムを設定する

目標設定は自分で考え、決めるようにしましょう。

失敗したレースの検証が重要

目標を設定するために、まずはマラソンの自己ベストをどのように更新しているかを考えます。というのも自己ベストを毎回更新しているのと、更新の失敗を繰り返しているのとでは目標の立て方が変わってきます。

失敗を繰り返している人は壁に突きあたっている証。**失敗したレース時の体調やメンタルなど何が原因かを検証し、課題を見つけていきましょう。**

更新し続けている人は大きな目標を掲げてチャレンジしていくことです。

自己記録からの目標設定はここが大事！

1 毎回タイムを更新している場合

まだ十分に記録が伸びていく可能性があるのでより高い目標を立てましょう。例えば目標タイムを４時間30分と設定し、４時間10分で完走している場合は、目標設定を３時間30分と大きくシフトしてもかまいません。

2 失敗を繰り返している場合

失敗する要因として「練習のしすぎでタイムを過度に気にしてしまった」「目標を高く設定しすぎた」などが考えられます。また、一度自己ベストが出たことで調子に乗ってしまい、力んでしまうこともよくあります。失敗したレースの要因から課題を考え、練習にいかしていくことが重要です。とくに調子に乗って失敗した場合は、量練習（ポイント27を参照）をもう一度見直してみましょう。

10km&ハーフマラソン 対策

タイムが落ちたら検証することが大事

10kmやハーフマラソンに出たものの、前のレースよりもタイムが下がってしまった場合は、その原因をしっかり検証することです。

結果が悪いとどうしても落ち込んでしまいがちですが、そんなときこそ、体調が悪かったのか、練習をしすぎていなかったかなど原因探しを行いましょう。すると改善策もわかり、今後のトレーニングにもつながってきます。“失敗は成功のもと”、これらのレースでの失敗は、必ず本レースにいかされます。

NG

マラソンをメインにする場合は「トレイルランニング」や「トライアスロン」などいろいろなスポーツに挑戦し、次々とレースに出てしまうと、疲れのほうがたまり、初めのうちは自己ベストを更新しても、そのうちオーバートレーニングにより、自己ベストの更新ができなくなる可能性があります。気分転換やアクティブレストとして取り入れる程度であればかまいませんが、あくまでもメインはマラソンなのでほどほどにしましょう。

POINT

22 体力テストの結果によって自分の状態を客観的に判断する

体力テストの結果を分析し、本レースにつなげましょう。

テストの結果と検証内容を擦り合わせてみる

トレーニング目標を設定するには体力テストを参考にします。体力テストの結果と練習時のタイムを擦り合わせてみましょう。すると、**今の自分の状態が把握でき、どのようなトレーニングが必要なのか、まだのびしろがあるのかなども見えてきます。**

また体力テストを行った結果の自覚的運動強度（ポイント13を参照）も検証してみてもよいでしょう。「きつい」「かなりきつい」と感じた人は量練習を増やすことです。

体力テストからの目標設定はここが大事！

体力テストを実施

運動強度を60～70％にした心拍数の範囲内で5㎞走る（ポイント18～19を参照）。

結果

練習時よりタイムが上がらない場合

持久力をつける

タイムが思ったほど上がらなかった場合は、持久力をつけることを目標とし、運動強度を60％にした心拍数でトレーニングを行いましょう。より持久力をつけたい人は運動強度を50％にしてもかまいません。ときには気分を変えて山登りをするのもお勧めです。

練習時よりタイムが伸びた場合

苦しい練習をプラス

まだまだのびしろがある場合は、量練習（ポイント27を参照）、質練習（ポイント28を参照）ともに少しハードなトレーニングを取り入れましょう。ただし、決して無理はしないこと。

練習時とかなり誤差がある場合

心拍数を活用した練習を行う

誤差が生じた場合は、心拍数を活用することに慣れていないのもひとつの要因です。日々の練習で心拍数を活用するトレーニングを積極的に取り入れて慣れていきましょう。

POINT 23

体力テストでフルマラソンは走れないので5kmのタイムで設定

体力テストの5kmからフルマラソンのタイムを設定しましょう。

比較した結果から目標タイムを設定する

目標タイムを立てるためには体力テストの5kmのタイムからフルマラソンのタイム(左ページの表を参照)を設定します。というのも、体力テストは有酸素レベルで心拍数を設定しているためフルマラソンの状態に近いと考えられるからです。

当然のことですが5kmのタイムが速ければ、フルマラソンの目標タイムも速くなります。ただ、左の表のフルマラソンの予想タイムは、完璧に走った場合として考えてください。実際は誤差が生じます。表に従ってプラスして考えましょう。

目標タイムの設定はここが大事！

体力テストのタイムをもとにフルマラソンのタイムを算出してみます。

マラソンでのレース中の一定距離ごとの所要時間を示した表です。

体力テストの5kmのタイム

目標タイムの目安

5km	20分00秒	25分00秒	30分00秒	35分00秒	40分00秒
10km	40分00秒	50分00秒	1時間 00分00秒	1時間 10分00秒	1時間 20分00秒
21.095km（ハーフ）	1時間 24分23秒	1時間 45分29秒	2時間 06分35秒	2時間 27分41秒	2時間 48分47秒
42.195km（フル）	2時間 48分47秒	3時間 30分59秒	4時間 13分10秒	4時間 55分22秒	5時間 37分34秒
目標タイムからの誤差	+10分	+15分	+30分	+45分	+60分

1 誤差を考える

表にある目標タイムはあくまでも目安です。それも5kmの体力テストタイムを維持できたとしてのタイムなので、42.195kmともなれば誤差が生じるのは当然です。生じる誤差も5kmのタイムによって幅があります。場合によっては1時間の誤差も考えられます。

2 自己記録と比較する

フルマラソン走ったことがある人は自己記録と目標タイムを比較してみます。体力テストから出した目標タイムのほうが速ければ、さらに伸びる可能性があり、体力テストから出した目標タイムのほうが遅ければ、トレーニングメニューを見直す必要があります。

One more Point

レースのタイムにより、目標タイムの刻み方が変わる

目標タイムは切りのよい数字で設定することが大事です。レースで3時間を切っている場合は「2時間55分」など5分、またはその半分に刻みます。3時間前後の場合は10分、5分単位で、4時間前後の場合は、30分、10分単位で設定します。それ以降は、30分、15分単位に。ただし、くれぐれも目標タイムを達成したからといって「キロ何分」を重視しすぎないことです。

POINT 24

フルマラソンのための トレーニングは半年は必要

トレーニング期間は半年以上を目安に考えましょう。

休養期間も見据えて マクロ的に考える

トレーニングプログラムを考えるときに重要なのが「期間」です。**トレーニング期間は最低半年、できれば1年かけるのが理想的。**なぜなら、レースで自己ベストを狙うにはこの後述べる量、質、量質のトレーニングをそれぞれ2ヵ月は行う必要があるからです。

またフルマラソンを完走すると肝臓や消化器官、小腸など内臓が過度に疲れます。そのため**休養期間を設けて体をリセットすることも必要。**3ヵ月程度ではなく休養時期も入れて長期的に考えること。

トレーニング期間はここが大事！

1 休養期間をつくる

フルマラソン完走後は必ず２～４週間休む必要があります。ランナーはレース直後からすぐにトレーニングを開始したくなるものですが、ここは我慢しましょう。気持ちとは裏腹に体、とくに内臓は疲れています。内臓機能が回復するまでに少なくとも２週間必要です。考え方としては11月のレースに出場したら、12月は休息期間とし年明けからトレーニングを開始します。

2 休養期間といっても体は動かす

休養期間が必要とはいえ、全く体を動かさないのではなく、アクティブレスト（ポイント32を参照）を行います。通常のランニングのトレーニングはさけて、ウォーキングやストレッチなどを積極的に行いましょう。

3 2ヵ月単位で「量」→「質」→「量質」のメニューに

人の体は約２ヵ月で構築されるため、トレーニングの内容は「量（持久力をつける）」→「質（スピード）」→「量質（技能と持久力を合わせる）」の練習を２ヵ月単位で行うのがよいでしょう。また、各２ヵ月のトレーニングの後には必ず休養期間も加えましょう。

10km&ハーフマラソン 対策

テーマを決めてレースに参加

マラソンのトレーニングでは、量（持久力）、質（スピード）、量質（持久力とスピード）練習が必要です。そのため、10kmやハーフマラソンに出場するときでも、これらの中からテーマを決めて走ることが重要になってきます。

とくに量練習を強化したい場合は、10km、ハーフ、30kmの順でレースに出るのがよいでしょう。持久力をつけるためのレースなので、速く走るという意味でのベストタイムを狙うのではなく、長く走り続けるための体力を維持することを心がけましょう。

トレーニングメニュー通りの量→質→量質練習の順に行いたい場合は、ハーフマラソン、10km、30kmの順で大会に出るのがお勧めです。

またこれらの大会では、基本的に自分が記録を狙いたい本レースに近いコースを選びましょう。

ただし、量練習を強化したい場合は、あえてアップダウンのあるきついコースに挑戦するのもよいでしょう。

POINT 25

トレーニングメニューは山をつくったら降りることが大切

トレーニングは「練習」「休養」のメリハリをつけて考えましょう。

1ヵ月をミクロに捉え メリハリのあるメニューに

トレーニング期間が決まったら、次にトレーニングメニューを考えていきましょう。その際、半年間など大きなクールではなく月単位で作成していきます。

そして**1ヵ月を4週と捉え、トレーニングを強化する週とセーブする週を明確にわけることが重要です。**「山をつくったら降りる」を繰り返すようなイメージで組み立てるとよいでしょう。すると、体や生活にメリハリがつき効果的な練習が行えます。なお、山の形は右肩上がりで下がっても波打つ形でもかまいません。

メニュー作成はここが大事！

1 月単位で作成

本レースまでのトレーニング期間は半年（ポイント24を参照）と考え、さらに細かくトレーニングメニューを作成していきます。大きな流れの考え方としては６ヵ月を２ヵ月（量練習）→２ヵ月（質練習）→２ヵ月（量質練習）とします。

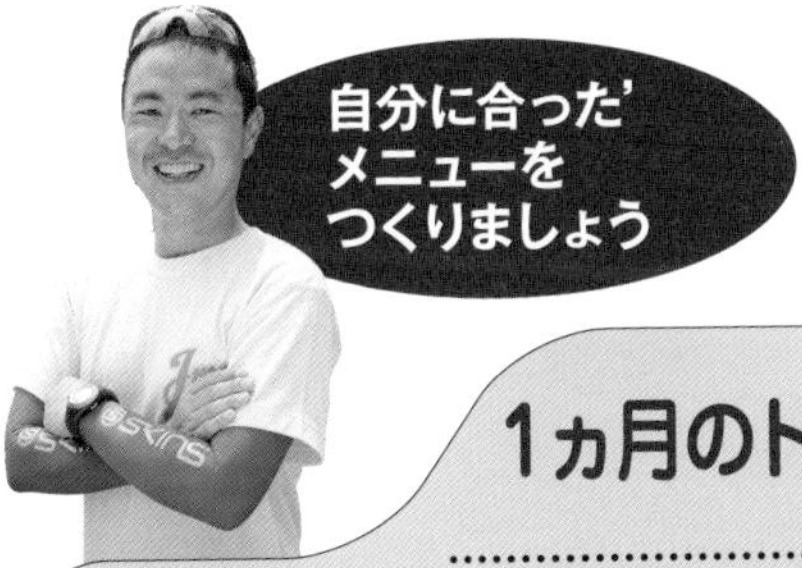
自分に合った
メニューを
つくりましょう

2 山をのぼったら降りること

１ヵ月のプログラムを、1週目から２週目にかけて徐々にトレーニング強化、３週目をピーク（山）にし、４週目は休養をどこかで入れる…というように、トレーニングのピーク（山）をつくったら、一度休みを入れるという具合に組み立ててみましょう。

１ヵ月間ずっと激しいトレーニングが続くことがないようにします。オーバートレーニングになり、本レース前に体に負担がかかることになりかねません。

1ヵ月のトレーニングメニューをチェック

波型タイプ

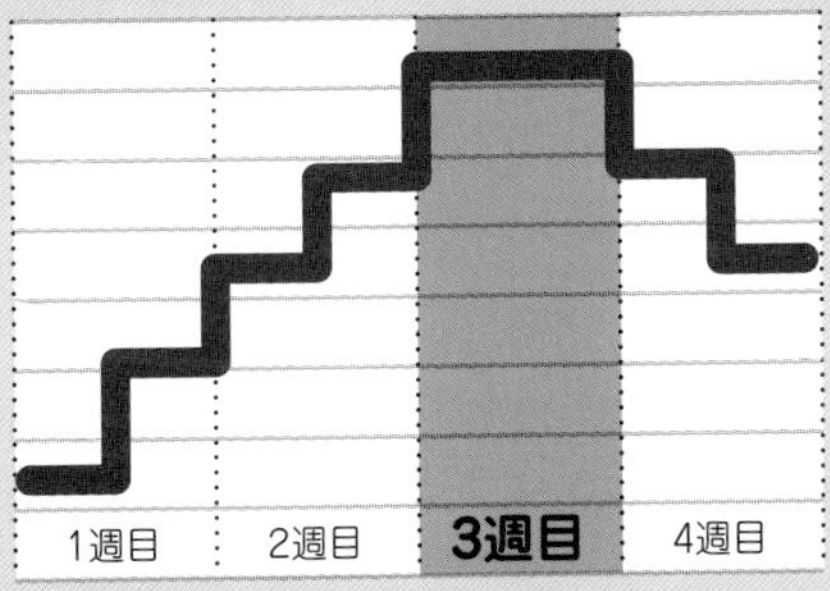
1週目
2週目
3週目
4週目

波型は平日に走る人向きです。階段を一段ずつ上るイメージです。少しずつ練習量を増やしていき、3週目が山の頂点になるようにします。波型の練習は、例えば、15kmランをした翌日は15kmランをするのではなく、10kmランに下げるのが特徴です。下げたらまた18kmランとレベルをあげていき、ピークとなる週までは少しずつ右上がりになるように練習を増やします。

山型タイプ

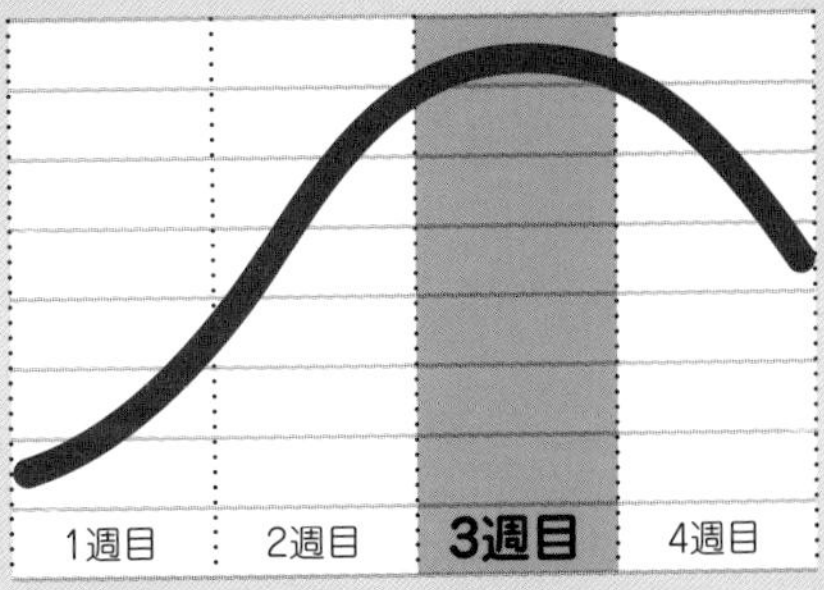
1週目
2週目
3週目
4週目

山型は週末に走る人向きです。山をのぼったら一度峠を降り、また次の山をのぼるイメージです。１ヵ月を４週として考え3週目までは練習メニューを増やしていき、４週目には練習量を減らして休みましょう。翌月１週目からまた練習量を増やしていきます。土日に一気に練習を強化しますが、両日同じメニューにならないように。例えば、土曜に15kmランをしたら日曜は20kmランにします。

POINT 26

平日タイプは波型で、週末タイプは山型で考える

筋トレもトレーニングに入れましょう。

ライフスタイルを基準にメニューを作成

人によりトレーニングが行える時間帯はさまざまです。仕事をしていれば、平日にしっかりと走り込むことができない場合も多々あります。そのため、**トレーニングメニューは、自分のライフスタイルを基準にすると組み立てやすくなります。**

トレーニングは長期間に及びます。無理せずに時間が取れるときにまとめて行えばよいので、自分自身が平日、週末のどちらにトレーニング時間が費やせるのかを考えてみましょう。

メニュー作成はここが大事！

1 平日に走るタイプ

平日にトレーニングを行う人は週単位で決めた内容（ポイント25を参照）をさらに1週間の1日単位で捉え、トレーニングを強化する日、セーブする日をつくります。グラフにすると波型になります。また、トレーニングを強化した翌日は必ずセーブするようにしましょう。

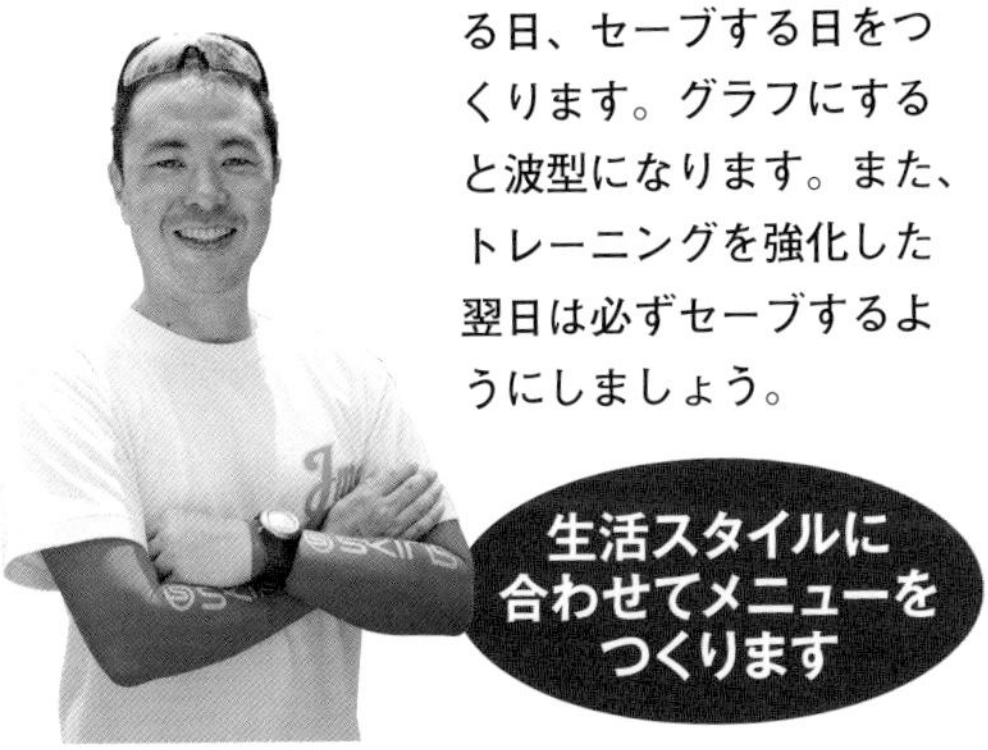
生活スタイルに
合わせてメニューを
つくります

2 週末に走るタイプ

週末に集中してトレーニングを行う人は練習のピークが週末になるため、グラフは山型になります。週末のトレーニングは無理をして1度に集約して行う必要はありません。1日の中で練習を数回にわけて行うのもひとつの方法です。例えば、朝はストレッチと軽いジョギング、午後は質練習、夕方に量練習とクールダウンなど、30分～1時間のトレーニングを3回にわけて行うのもお勧めです。

例 波型の場合

1日目	10kmのトレーニング
2日目	アクティブレスト （ポイント32を参照）
3日目	15kmのトレーニング
4日目	アクティブレスト （ポイント32を参照）
5日目	15kmのトレーニング （タイムトライアル）
6日目	休息日
7日目	20kmのトレーニング

翌週は週の最終日のトレーニングがベースになります。すると1ヵ月のトレーニング量は着実に増えていきます。また、毎日同じトレーニングを行うと疲労やストレスがたまってしまうので、同じ内容は行わないことです。

例 山型の場合

1日目	休息日
2日目	30分のトレーニング
3日目	休息日
4日目	休息日
5日目	30分のトレーニング
6日目	15kmのトレーニング
7日目	20kmのトレーニング

できれば平日に30分程度の軽いトレーニングを1～2度行うのが理想的です。週末は2日続けて長距離、長時間のトレーニングを行いますが、波型同様に同じメニューを行わないように注意しましょう。

POINT 27

量練習は通常の練習の1.2倍を目安に

『ウォーキング』（ポイント1〜4を参照）や『ウォーク＆ジョグ』など低負荷のトレーニングも行いましょう。写真にある『ウォーク＆ジョグ』をする場合はウォーキングから始め少し歩いたら少しジョグをし、それらを交互に繰り返します。慣れてきたら、徐々にジョグの比率を増やしていきます。

量練習で一番大事なのは時間

トレーニングメニューには必ず量練習、質練習、量質練習を取り入れて組み立てます。

量練習は持久力をつけ、体の基礎をつくるトレーニングなので、3つのトレーニングの中でも、最も時間をかけることが大事です。通常のトレーニングの1.2倍の時間を費やすようにしましょう。

量練習を行う際は有酸素レベルで心拍数を設定し、自覚的運動強度（ポイント13を参照）が「楽である」〜「ややきつい」と感じる範囲で行うことです。

さらにランニング以外を行うクロストレーニングを導入すれば、より持久力をつけることができます。

量練習は
長く走る
体をつくる
トレーニング
です

量練習はここが大事！

1 時間を 1.2 倍

量練習は持久力をつけるのが狙いです。通常の練習時間の1.2倍を目安に行い、毎回時間を延長するように心がけましましょう。

2 心拍数は有酸素レベルに

「キロ何分」にとらわれないで、有酸素レベルの心拍数で何キロ走れるかを考えて量練習を行えば、自然と距離が走れるようになります。

3 クロストレーニングをプラス

より持久力をつけるために水泳や自転車などのクロストレーニングも積極的に取り入れましょう。ただし、やりすぎには注意すること。

POINT 28

質練習では高負荷のスキルの習得をめざす

『その場ジャンプ』（ポイント6を参照）をしてから走る『ジャンプ＆ラン』などを取り入れて、加速づくりのトレーニングも行いましょう。写真にあるような『ジャンプ＆ラン』をすると、ジャンプ運動（ポイント6を参照）をしたあとに走りを入れることで、重心が高くなり、ラクに走れる感覚がわかります。

量ではなく練習内容を重視

質練習は量練習（ポイント27を参照）とは異なり、長く走る力ではなく、ランニングで必要な高負荷のスキルやスピードを習得するためのトレーニングです。**高負荷のスキルとは苦しい状態でもきれいなランニングフォームを保って走れるということです。**そのため質練習を行う前には8～25ページを参考にして正しいランニングフォームを身につけることから始めなくてはいけません。**フォームが身についたら、徐々に高負荷なスピードトレーニングも取り入れていきます。**

質練習は量ではなく、その内容が大切になるため一度の練習で距離は長くても10㎞程度にとどめておきます。運動強度を80％以上に設定した心拍数で、ランニングフォームに注意しながら走りましょう。

質練習は
より速く走る
ための体をつくる
トレーニング
です

質練習はここが大事！

1 量は気にしないこと

距離よりも内容が肝心なので「月間何キロ」にとらわれないことです。もしも距離をカウントしたいのであれば、ジョグやクールダウンの距離は含めず、実際に質練習を行った距離だけを測定しましょう。

2 必要以上に長くやらない

質練習を長時間行うと体に負担がかかってしまい、かえってフォームが崩れてしまいます。短い距離を集中して行いましょう。

3 10㎞のレースに参加する

質練習の効果を確認するために10㎞のレースに出場するのもよいでしょう。

POINT 29

量練習と質練習を合わせて30㎞走で最終確認をする

残り2ヵ月は量×質練習でラストスパートです。

本レースに近い心拍数で2週間に1度実施

量と質の練習ができたらふたつをかけ合わせた練習として30㎞走を行います。**30㎞走は心拍数を本レースに近い状態で設定（ポイント13を参照）し、2週間に1度の割合で実施するとよいでしょう。**

また量質練習では、時計をはずして行うことも大切。加速に乗ってスピードを一定に保つ感覚を体で覚えられるようになります。

なお量質練習の成果を確認する方法として10㎞やハーフ大会に出場するのもお勧めです。

量質練習はここが大事！

1 最初は 20kmから

30kmを走る前後にはウォーミングアップやクールダウンなどで4～5km走ることになります。そのため、最初は無理をして30kmを行うのではなく、20kmから始めてもかまいません。

本レースに
向けて
調整するために
量質練習を
します

2 30km走を本番に近い心拍数で

心拍数はできるだけ本レースに近くなるように、運動強度を85％にした心拍数の範囲内で走るようにします。

3 時計をはずして行う

時計をしていると、人間は無意識にタイムを合わせようとしてしまいます。30kmを何分で走るのではなく、設定された心拍数の範囲内でどれだけ走れるかを確認したいので、時計をはずしてスピードの感覚を体で覚えるようにしましょう。

10km&ハーフマラソン 対策

練習のピークに大会に出場する

仮に10kmやハーフマラソンをトレーニングの一環として捉えるならば、波型、山型の練習のピーク時に出場するのもお勧めです。

そのため持久力をつけたいときは、前日に量練習を行ってもかまいません。あくまでもトレーニング途中だと認識してレースに臨みましょう。

One more Point

30km走は周回できる場所で行う

30km走を走る場所は、距離が測れ、周回できるところを選ぶことです。どこからどこまでとワンウェイのコースで行おうとすると、距離も測定しづらく、水分補給などの準備も行えません。周回できる場所としては、大きな公園にあるジョギングコースがお勧めです。公園のジョギングコースには距離も記されていて、大きなアップダウンもないので、そこを周回するのが無難です。事前に30kmを走るベストな場所を探しておきましょう。

POINT 30

体温、体重、血圧を把握し、食事と睡眠は時間に注意

体調のよい日は走りも軽やかになります。

コンディショニングづくりが上達への近道

日々のトレーニング以外に重要なのが、体と生活の自己管理です。まずは**体温、体重、血圧を測る習慣をつけ、自分の体を知りましょう。**すると、血圧が高い日は運動量を控えたりなど、自然と自分の体に合った調整が行えるようになります。

また、**食事と睡眠は時間が重要。食事は朝、昼、晩の3食を取る時間帯を決め、生活リズムを一定にさせること。**ただし小腹が空いたときは間食を取ってもかまいません。睡眠は自分の適正時間を把握し、体と脳の疲れを取るようにします。

コンディショニングづくりはここが大事！

1 体温

意外と自分の平熱を知らない人が多く、とくに男性は無頓着のようです。体温は１日の中でも変化し、風邪の引き始めなど体調のよしあしを感じる上でも役立ちます。それほど時間もかかりませんので、毎朝測る習慣をつけ、自分の正確な体温を知りましょう。体温がいつもより高い場合は、トレーニングを抑えめにするなど調整します。

2 体重

減量を目的とするのではなく自分の体重の変動に注意することが狙いです。１日ではなく、週、月単位の変動を目安に、自分の体重の変動を把握しましょう。走る上で自分のベストの体重が何kgであるかを把握できるようにします。

3 血圧

血圧も体温、体重同様に体調管理を行うためには必要不可欠な項目です。ランニングのトレーニングを続けると徐々に血圧は下がってくるはずです。また、血圧が高いと脱水症状を起こしやすいので、血圧が高いときは水分補給に気をつけること。

トレーニングと
同じくらい
コンディショニング
づくりは大事！

4 食事内容

食事は１日３～４食にすることでエネルギーが効率よく使え、空腹時のドカ食いが防げます。夜の食事はトレーニングで使ったエネルギーをチャージする必要があるため、量を控えるのではなく、内臓に負担をかけないよう質に注意すること。また夜は食事を取る時間帯により体重が変動しやすくなるので注意しましょう。

和食を基本に！

5 睡眠時間

自分のベストな睡眠時間を把握しておかないと疲労を取る妨げになってしまいます。なぜなら睡眠にはノンレム睡眠（熟睡状態）とレム睡眠（眠っているのに脳が活動している状態）があり、約90分で移行します。そのため４時間半がベストな睡眠時間なら、５時間眠っても疲れは取れません。何時間寝れば朝の目覚めがよく、体調がスッキリしているのかを確認しましょう。

目覚めスッキリOK！

POINT 31

疲れていると感じたらときには休むことも必要です

「雨が降ったらトレーニング定休日」と決めて休養しましょう。

ストレスをためないために休養する勇気を持つ

レースをめざしてのトレーニングは長期に及びます。そのためにはコンディショニングづくりも重要な課題です。ランナーは常にコンディションを整えることを意識しましょう。体調を無視し、無理なトレーニングを続けると『オーバートレーニング』になり、そのうち体も心も疲れ、走る気力さえも失いかねません。

そうならないためにも**オーバートレーニングだと感じたら、必ず休養を取るようにしましょう。**「休養もトレーニング」だと思い、休む勇気を持つことです。

コンディショニングづくりはここが大事！

1 オーバートレーニングを把握する

トレーニング後「疲れが取れない」「気分が乗らない」と感じたら、オーバートレーニングだと把握し、必ず休養しましょう。この状態でトレーニングを続けていると疲労が慢性化し、体に負担がかかり、精神的ストレスもたまってしまいます。

2 休養も練習のひとつと考える

よく休養を取ることに罪悪感を持つ人もいます。しかし、休養も大切なトレーニングだと思いましょう。トレーニングメニューに休養日を加えているのもそのためです。また、休養には2通りあります。消極的休養と積極的休養（アクティブレスト）です。消極的休養は睡眠などがあてはまります。積極的休養（ポイント32を参照）は普段練習しているスポーツ以外のスポーツやストレッチなどを行うことをさしています。どちらの休養も適切に取るようにしましょう。

日々のコンディションをチェック

例

日付	トレーニング内容	体調	体温	血圧	目覚め
11/1	30分ジョキング 20分ウォーキング	◎	36.1	110 70	よい
11/2	30分ジョキング 10分ウォーキング	△	36.4	102 72	普通
11/3	30分ジョキング 20分ウォーキング	◎	36.1	110 70	よい
11/4	30分ジョキング 10分ウォーキング	×	36.4	102 72	普通

メモにはトレーニング内容なども記入し、体調について「よい」「普通」「悪い」など簡単な感想も書いておきましょう。そうすれば自分に合ったメニューづくりにも役立ちます。

日々のコンディションを把握するために体温や体重、食事、睡眠時間をメモに記す習慣をつけましょう。これらのことを書くことで自分の状態を検証することができ、トレーニングにどのように影響しているのかが見えてきます。その結果、よりよい練習ができ、いい記録が生まれるのです。

POINT 32

アクティブレストで疲労回復力を高める

ランニング以外の運動も効果的なトレーニングのひとつです。

体を動かしながら疲労を取りベストなコンディションに

休養には「積極的な休養」と「消極的な休養」があり、アクティブレストとは積極的な休養のことで、**ランニング以外の運動で体を動かす、疲労を回復させるための休養になります。**

こうした積極的な休養を行えば、普段使っている膝や腰を休ませながら疲労物質が取り除け、血液循環を向上させたり、心肺機能を鍛えたりすることができます。さらにさまざまな運動を行うことでモチベーションも維持できるためよいコンディションニングづくりには欠かせません。

アクティブレストはここが大事！

1 さまざまな運動をする

普段ランニングでは使わない筋肉を動かすことで血液の循環がよくなります。そのため体の疲労回復力も高まります。中でも心肺機能を高めてくれるような水泳や自転車は非常に適しています。気分転換に散歩やトレッキングなどを行うのもお勧め。

2 ストレッチは入浴後に

アクティブレストのひとつとしてストレッチを行うのもよいでしょう。入浴後、体が温まった状態でゆっくり行うと効果的です。

3 休養の日に行う

アクティブレストは休養の日に行うのがベストです。また週３回トレーニングを行うなら、１回を積極的な休養、ほかは消極的な休養を取るのもよいでしょう。

10km&
ハーフマラソン
対策

10km ＆ ハーフの大会でも体調管理を整える

10kmのレースやハーフの大会もレースにはちがいありません。そのため、レース前後の体調管理をしっかり行うことが大切です。

また、レース後は体の変化についても随時記録しておきましょう。というのも、たとえレースで自己新記録が出ても、体の中では大きな変化が起こっているかもしれないからです。その変化を見落としてしまうと、今後のトレーニングやレースにも響いてきます。

アクティブレストを常に意識し、疲労を取り除くことが重要なように、レース後も体調をしっかり管理し、よいコンディショニングをつくるよう心がけましょう。

体に負担のかからない程度にしましょう

One more Point

「消極的な休養」時の過ごし方

消極的な休養に欠かせない睡眠は枕や布団などを自分に合った環境に整え、気持ちよい睡眠を取ることが大事。消極的な休養を取る日はお酒を控え、お風呂に浸かり副交感神経を高めましょう。また温泉やサウナで血液の循環を高め、１日ゆっくり過ごすのもお勧めです。

POINT 33

ウォーミングアップ

肩甲骨のストレッチで腕振りの機能性がアップする

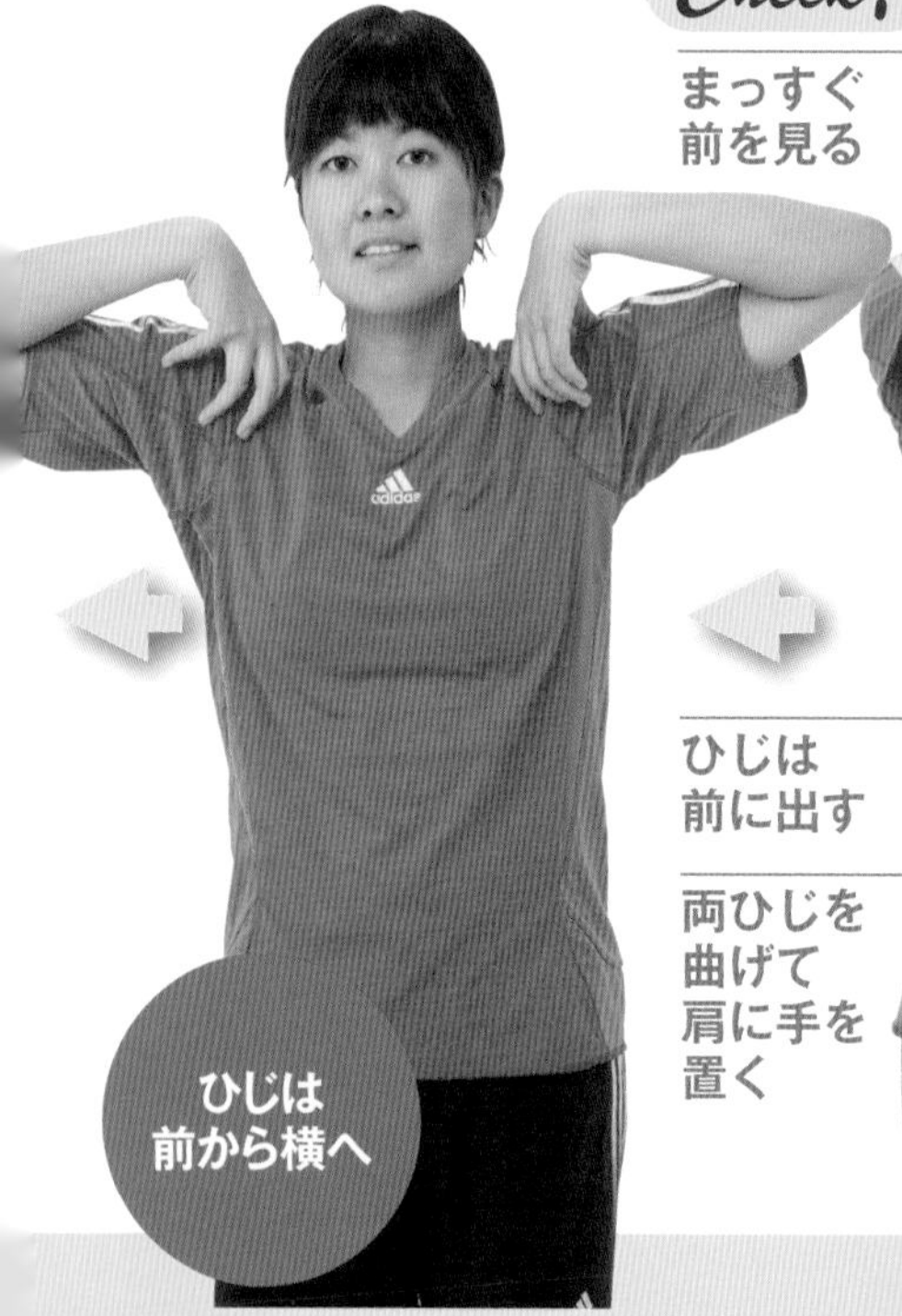
ひじは
前から横へ

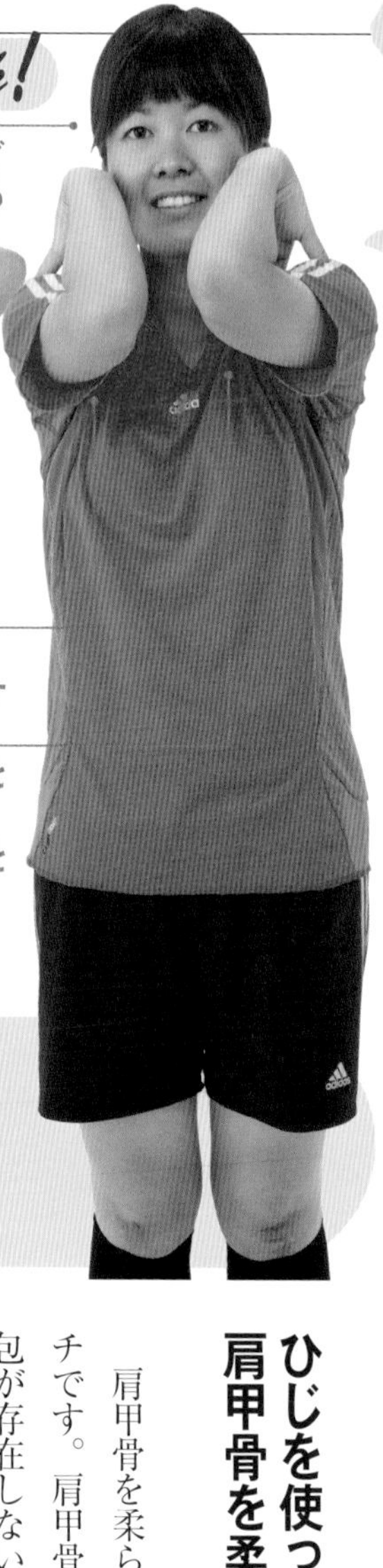
Check!
まっすぐ
前を見る
ひじは
前に出す
両ひじを
曲げて
肩に手を
置く

両ひじを曲げて肩の上に置きます。ひじを前から横へ動かします。そのまま下におろします。そして上へと戻します。

ひじを使って肩甲骨を柔らかくする

肩甲骨を柔らかくするためのストレッチです。肩甲骨には他の関節にある関節包が存在しないため、なかなか自発的に動かすことが難しい部位と言えます。ただ、ランニングをする上で肩甲骨は腕振りの機能に重要なポイントでもあります。**肩甲骨がよく動くようになれば、自然でスムーズな腕振りが可能になり、疲れず長く走ることができるようになります。**

肩甲骨を回すときのポイントとなるのがひじ。肩の上に手を置いたら、ひじを正面、横と動かしていきましょう。

1周を3～5秒かけ、5回繰り返します。これが終わったら逆回転も同じように5回行います。

ここが大事!

ここでのポイントは両手を肩に置くことです。肩に両手を置くだけでひじを中心にしっかりと前、横と動かすことができます。また、肩に乗せた両手がストレッチ中に離れないように注意しましょう。

One more Point

ウォーミングアップの仕方

ウォーミングアップとは運動の前に体を温め、体を軽くし走りやすくするために行うストレッチなどのことで、ケガや疲労の防止にもなります。ウォーミングアップをするときはストレッチごとに、今自分はどこの筋肉を使っているか意識しましょう。また、ゆっくりな状態から徐々にスピードを上げていきます。低強度から高強度に持っていくことが大事です。

POINT 34

ウォーミングアップ

股関節の横振りストレッチで脚の回転力がアップする

Check!
まっすぐ前を見る
手を肩のラインまで上げる
脚を斜め後ろに下げる
脚を閉じてまっすぐ立つ

両腕を広げて、顔は正面を向いたまま片脚を斜め後ろに1歩引きます。膝と股関節を90度に曲げて、脚を横に広げます。膝が外に向いたらゆっくりと正面に戻してから下におろします。

股関節を柔らかくすると脚が前に出やすくなる!

股関節は車の車輪の軸のようなもので脚の回転を支えるカナメです。しかし、日常生活で股関節を回すようなことはほとんどありません。そのために意外と股関節まわりの筋肉が硬くなってしまっているランナーが多くいます。

股関節が硬くなってしまうと、まず腰を傷めやすく、歪みが出てきます。反対に**股関節まわりを柔らかくすると、回転力も向上します。脚が前に出やすくなり、**走る前に左右で5回ほど繰り返すだけでも走りやすくなります。

1回の動作に3～5秒かけます。5回繰り返したら脚を変えて同じように回します。左右終わったら逆回転も5回ずつ行います。

ここが大事！

ポイント33のひじと同じで膝の使い方が重要です。膝を内から外へと動かすしますが、このとき膝と股関節は90度を保ちながらゆっくりと回すことを意識します。また、最初に両手を広げるのは腰を安定させるためです。

One more Point

ダイナミックストレッチとは

ポイント33～35で紹介するストレッチはダイナミックトレッチと呼ばれます。これらは動的なストレッチで、動きの中で腕や脚をいろいろな方向に回して関節の可動域を広げることができます。関節周囲筋の動きを潤滑にすることが目的ですので、運動前のウォーミングアップなどに適しています。この他、バリスティックストレッチ（ポイント37を参照）などがあります。

POINT 35

ウォーミングアップ

股関節の前後左右のストレッチで脚の回転力がアップする

片脚を軽く振り上げ、そのまま後ろに脚を引きます。この動作を５回繰り返したら反対の脚も同様に。

前後左右の動きも加えて股関節のストレッチを！

ポイント34のストレッチと同じで股関節を柔らかくするためのストレッチです。**目的も股関節の動きをよくし、脚の回転力をアップするためのものです。**ここでは脚を前後に振るものと左右に振るものがあります。

どちらも体の軸を崩さないように行いましょう。どうしても中心がぶれてしまうようであれば、脚の振りを小さくしてもかまいません。足首を使って振っているように見えますが、しっかりと膝で脚を振るようにします。

脚が交差するように左右に振ります。手は振った脚とは反対方向に上げます。この動作を５回繰り返したら反対の脚も同様に。

ここが大事！

実際にやってみようとすると、意外と混乱してしまうのが手の動きです。振り上げた脚とは反対の手が出ているだけですが、頭で考えてからやろうとせずにまずは1、２回やってみましょう。そうすれば手は自然と動きます。

One more Point

足首の動きも滑らかに

足首は１～10までの数字を足首で描きます。足首は何となくぐるぐる回すだけになりがちですが、数字を描くという目的があるだけでしっかりと回すことができます。ウォーミングアップの最初にやりましょう。

POINT 36

ウォーミングアップ

背伸びをして体幹部を引き上げる

Check!
目線は上に
頭の上に腕を伸ばす目線も上に
気をつけをする

両手を組み手を裏返して上に伸ばします。目線は上げた手を見ます。つま先立ちをしたまま1～2秒キープすると体勢を保てなくなるので、そうしたらそのまま手を離し1、2歩前に出ます。

走る前に重心の位置を高くすることができる

あまり意識していませんが、歩いているときと走っているときとでは重心の位置が違います。**走る前に走る体にするために行ってほしいのが背伸び運動です。狙いは体幹を引き上げるためです。**真上に手を上げることで、腹部が上に引き上げられます。このときお腹をへこませようとするので自然と重心が上がります。

重心の位置が高いと走っていても体が軽く感じます。そのため走る前、走っている途中でもこの背伸びを入れるとラクに走れるようになります。

かかとを
上げて親指で
つま先立ちに
手を離すと
同時に
1、2歩前へ

3回繰り返します。

ここが大事！

つま先立ちをするときはかかとをしっかりと上げた状態で親指を立てるようにします。そうすると、うまくバランスが崩れて体は前に出ます。また、お尻にえくぼができるくらい力を入れましょう。

One more Point

レースの前にも背伸びをする

背伸び動作は本レースのスタート前にも行いましょう。レース前の初動作は非常に重要で、背伸び動作によって、重心位置が上がり、走り出しのフォームをきれいにします。例えばトップランナーでも体の姿勢が悪い状態からスタートすると走りにくいのです。そのため1回跳ねたり、背伸びをしたりして動きを整えて、初動作で走るスタイルになってから走っています。

POINT 37

上級ウォーミングアップ

伸張反射を利用して筋肉の収縮力をつける

アキレス腱
Check!
まっすぐ前を見る
かかとを上げ下げする
両手は太ももに
かかとをつける

両手を前脚の太ももに置きます。片脚を後ろに下げたままかかとを上げ下げします。左右５回を目安に。

バリスティックストレッチで筋肉のバネの力を鍛える

ランニングは小さなジャンプを繰り返しています。その動作を容易にするためには筋肉のバネ（収縮力）をよくする必要があります。バリスティックストレッチと呼ばれるこのストレッチは、**伸張反射という反動を使って筋肉や関節に刺激を与えます。**

激しく動かすストレッチというよりも、ゆっくりと呼吸している間に、筋肉が何となく伸びている状態でかまいません。痛みを感じるまでやってしまうのはＮＧです。

股関節

膝は
つま先より
前に出ない
Check!
まっすぐ
前を見る
背筋を
伸ばす
両手は
膝に

両手を前脚の膝に置きます。片脚を後ろにぐっと下げ、腰を落とすように上げ下げをします。左右５回を目安に。

ここが大事！

ポイントは手にあります。手の位置を決めると手順がふみやすくなります。手を太ももまたは膝に置いたらもう片方の手をそえましょう。そのとき脚がまっすぐになっていることを確認したら顔を上げます。

One more Point

バリスティックストレッチとは

バリスティックストレッチとはダイナミックストレッチ（P75を参照）の一種で反動を使ったストレッチです。最初は小さな反動にし、少しずつその反動を大きくします。いきなり勢いよく反動をつけないようにしましょう。また、ダイナミックストレッチ同様に、体が温まった状態でリズミカルに反動をつけるようにします。

POINT 38

クールダウン

ふくらはぎのストレッチはかかとをしっかりと床につける

ふくらはぎのストレッチで体の裏側が柔らかくなる

ランニングは足首を蹴る運動なのでふくらはぎのストレッチは重要になります。ウォーミングアップとして行うことも多いのですが、クールダウンでもしっかりとストレッチしたい部位です。

ふくらはぎのストレッチの効果としては、**ふくらはぎを柔らかくする以外にも太ももの裏側（ハムストリングス）から腰までの筋肉も柔らかくしてくれます。**腰痛予防や脚をつりにくくさせたり、むくみ予防の効果もあります。

両手を胸の前で合わせる
Check!
まっすぐ前を見る
気をつけをする

両手を片方の太ももに置き、それとは反対側の脚を一歩後ろに下げます。下げた脚のかかとは床につけ、つま先は正面を向くように。

顔を上げた状態を30秒キープします。左右で1回ずつ。

ここが大事！

最後にきちんと顔を上げましょう。顔が上がればお尻が下がるため姿勢がよくなります。どのストレッチでもそうですが、決められた正しい姿勢でストレッチすることが重要になります。

One more Point

クールダウンで筋肉の疲労回復を

トレーニングの後には必ずクールダウンを行いましょう。クールダウンとは、体の体温を下げながら運動時にできる疲労物質のひとつである筋肉中の乳酸の除去を促進する効果があり、疲労回復を速めることができます。方法はランからジョグ、ウォークと強度を下げ、ウォーミングアップ時と同時間くらい行うこと。その後、スタティックストレッチ（P85を参照）を実施します。

POINT 39

クールダウン

太ももの裏側と腰のストレッチはおへそを見るように曲げる

「気をつけ」の姿勢から、片脚を後ろに下げて交差します。次に腰を曲げて、おへそを見るように30秒キープします。体をゆっくりと起こして、手を腰にあてたらお尻を押し出します。顔を上げたまま30秒キープします。

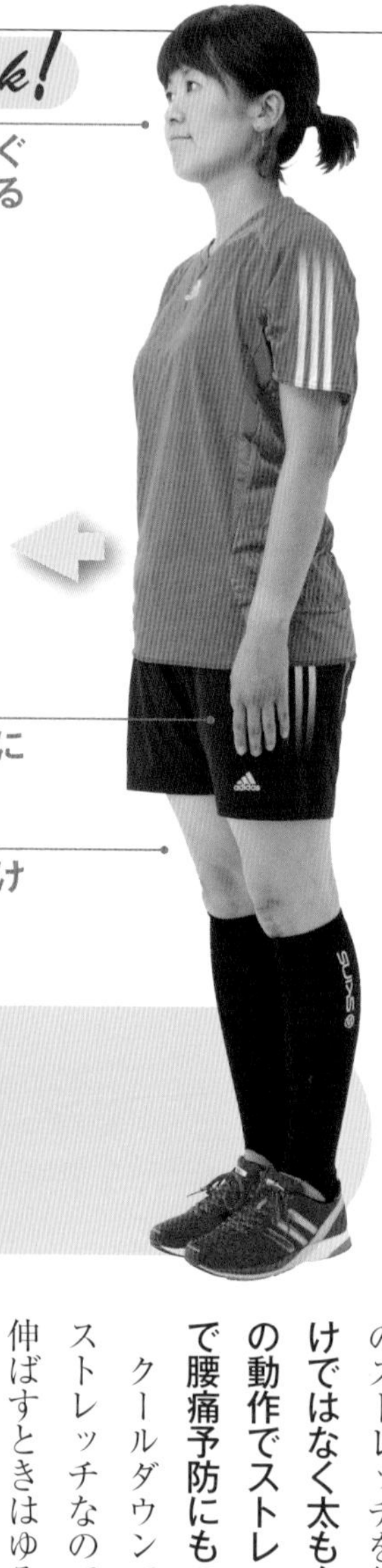
Check!
まっすぐ
前を見る
手は横に
気をつけ
をする

腰と太ももの筋肉は疲労がたまりやすい

ランニングでは腰や太ももは疲労がたまりやすい部位です。そのため腰と腸脛《ちょうけい》靭帯《じんたい》、太ももの裏側（ハムストリング）のストレッチを行います。ここでは**腰だけではなく太ももの裏側の筋肉まで一連の動作でストレッチすることができるので腰痛予防にもつながります。**

クールダウンでのストレッチは静的なストレッチなので、腰も太ももの裏側も伸ばすときはゆるゆると行います。ゆっくりと呼吸をしている間に何となく伸びていれば十分です。

ここが大事！

ポイントはおへそを見るように腰を曲げることです。このとき、前屈をするというよりも猫背になるようにして、あごを引きます。手は床につかなくてもかまいませんので、力を抜く意識で行いましょう。

One more Point

スタティックストレッチとは

スタティックストレッチとは静的なストレッチのことでクールダウンに適しています。まず、体を静止させ、反動を使わずに関節の可動域を段階的に広げていきます。無理のない程度に筋肉を伸ばした状態を30秒ほど保ちますが、このとき呼吸は止めないようにし、息をゆっくりと吐きます。ストレッチ中は伸ばそうとする筋肉を意識しながら行います。

POINT 40

クールダウン

太ももの前側のストレッチはしゃがむようにしてから足首を持つ

太ももの前と裏を効果的に伸ばす

膝を実際に動かしてみるとよくわかりますが、膝を伸ばしたときは太ももの前側の筋肉は収縮し、裏側の筋肉は伸びています。反対に膝を曲げたときは太ももの前側の筋肉は伸びて、裏側は収縮しています。ポイント39では太ももの裏側を伸ばすストレッチを行いましたが、同じように太ももの前側も伸ばすストレッチを行うことが大事です。

　このストレッチは片脚で立つため、バランスを保とうと、どうしても上体が前傾しやすいので、姿勢に注意しながら行いましょう。

　また、**こうしたその場でできるストレッチは本レース中に脚がけいれんしたときにも効果的です。**

片脚で立ち、もう片脚を後ろに曲げます。しゃがむようにしながら足首を持ち、かかとがお尻につくくらいまで引き寄せます。足首を持っていないほうの手は水平になるように出します。

Check!

まっすぐ前を見る

手は横に

気をつけをする

片手を
水平に
なるように
出す
しゃがむ
ようにして
足首を持つ
姿勢が前傾に
ならない
ように注意!

太ももの前側が伸びていることを感じましょう。片脚を上げたまま30秒キープします。逆脚も同じように行います。

ここが大事!

一度しゃがむようにしてから足首を持ち、ゆっくり体を起こしながら正面を見ます。そのときに手を横にすることによって、背筋がきれいに伸びます。バランスが崩れる人は、手すりや壁などを使うとよいでしょう。

One more Point

足首の持ち手を変えてもよい

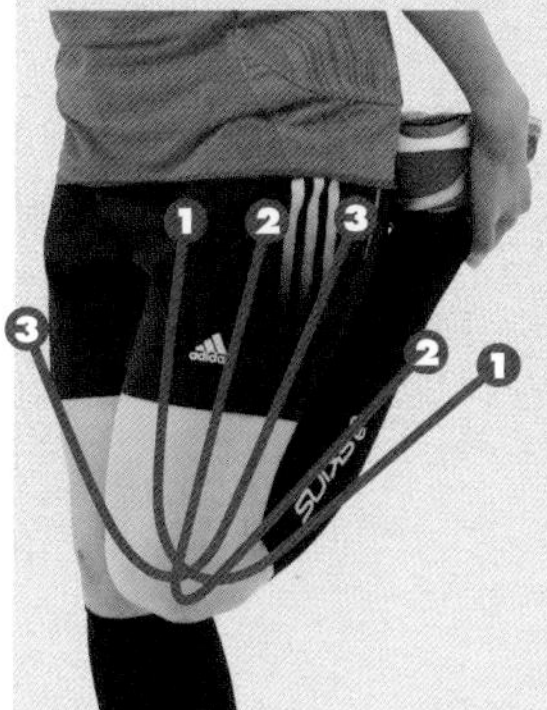
1
2
3

このストレッチに慣れたら、足首の持つ位置を変えてやってみましょう。太ももにある内側(❶)、真ん中(❷)、外側(❸)の3つの筋肉のストレッチができます。

POINT 41

クールダウン

股関節のストレッチは膝がつま先より出ないようにする

両手を胸の前で合わせる
Check!
まっすぐ前を見る
気をつけをする
手は横に

「気をつけ」の姿勢から両手を胸の前で合わせます。次に両手で足首（下げないほう）をつかみ、軽く膝を曲げます。つかんでいない脚を大きく後ろに下げます。両ひじを膝に置き、顔を上げます。

前後に大きく開くだけで股関節は伸びる

脚を前後に大きく開いて股関節を伸ばすランジストレッチになります。股関節を柔らかくするためのウォーミングアップとしても適していて、**脚が前に出やすくなり、一歩一歩のストライド（歩幅）を広げる効果もあります。**

手順が重要ですので、しっかりと覚えてから行いましょう。本書では5段階にわけて紹介しますが「1、2、3…」とつぶやきながらひとつひとつの動作をきちんと行ってから次の動作に移すと覚えやすいでしょう。

一連の動作はゆっくりと行い、顔を上げた状態を30秒キープします。逆脚でも同じように行います。

ここが大事！

膝の位置に注意しましょう。脚を後ろに下げたときに、膝がつま先より前に出ないようにします。最後の体勢になったときにつま先が見えれば膝は前に出ていません。もし膝が前に出てしまうと膝を傷める原因になります。

One more Point

筋疲労はストレッチで解消

ランニング後にクールダウンを怠ると翌日筋疲労になることがあります。これはトレーニングによって筋繊維が微細に損傷することが関係します。クールダウン及びストレッチをしないままトレーニングを終えてしまうと、筋回復が遅れ、場合によっては肉離れ、オーバーワークによる筋肉の減退が生じます。そうならないためにもクールダウンはとくに念入りに行いましょう。

POINT 42

クールダウン

脚の付け根のストレッチは持ち上げた脚の膝をゆっくりと押す

Check!
まっすぐ
前を見る
両膝を
曲げる
手は
お尻の横に

伸ばす筋肉はお尻まわり
意外と忘れがちな部位！

意外と盲点になるのがこのお尻まわりのストレッチです。とくに**脚の付け根にある中殿筋《ちゅうでんきん》を伸ばすことができます。**

この中殿筋とは脚を外転させる働きがあります。この中殿筋の働きによって、歩いているときや走っているときに、脚が地面から離れて浮いている方向に体が傾かないように、反対側の中殿筋が強く働くのです。もし、左右にグラグラ揺れながら走るような場合はこの中殿筋が弱っている可能性があります。

乗せた
脚の膝を
押す

痛みが
感じるまで
押さないこと

片方の
膝に脚を
乗せる

両膝を立てて座ります。片脚を写真のように膝に乗せてバランスを取ります。そして、手で膝をぐっと30秒間押します。逆脚も同じように行います。

ここが大事！

脚の付け根からお尻まわりの筋肉は、痛みを感じることが少ないのでどうしても軽んじてしまいます。しかし、走るときの車軸にあたる筋肉のため、脚以上にしっかり行わないと、後で腰痛、膝の痛みの原因になります。

One more Point

クールダウンの流れ

ランニング後、クールダウンをするときはすぐに立ち止まらず、ウォーキングなどの負荷の小さな運動（5分ほど）に切り替えながら、ゆっくりと心拍数を下げていきます。その後は、筋肉をほぐすためのストレッチ（ポイント38 ～ 44を参照）を10分ほどかけて行います。いい加減に終わらせてしまうと、ケガや故障の原因になりますので、最後のケアまでしっかりと。

POINT 43

クールダウン

腰のストレッチは体全体がねじれるようにする

両膝を伸ばして座ります。片方の膝を曲げて伸ばしている脚と交差させたら、上半身全体を曲げている脚のほうに向かって回転させていきます。そのままの状態で30秒キープします。逆脚も同じように行います。

Check!
まっすぐ前を見る
手は横に
両足を伸ばす

腰をひねって横側の筋肉を伸ばす

腰まわりのストレッチになります。この場合はポイント39のように縦にストレッチをかけるのではなく、**横の体側筋に対してかけるストレッチです。比較的誰にでも簡単にできます。**

このストレッチは両脚をそろえたら、片方の脚を曲げて交差します。それに対して体全体を交差させます。交差させるときは手だけではなく体全体をねじるように。とくに顔をぐっと横にひねることによって、腰の反対側が伸びます。

まっすぐ
前を向く
上半身を
ひねる
背筋は
伸ばした状態で
行いましょう
片脚を
曲げて
交差させる

ここが大事！

上半身をひねるときは顔ごと向きを変え、脚を伸ばしているほうの腕（写真では右腕）のひじを曲げている膝にぐっと押しつけるようにするとやりやすいでしょう。

10km&ハーフマラソン対策

距離が短くても同じように

マラソンというのはフルマラソンより距離の短い 10km でもハーフであっても自分の得意な筋肉を強調して使いますので、しっかりとしたケアをしておかないとよい練習ができなくなります。クールダウン、ストレッチをレース後すぐに行いましょう。

クールダウン
肩と肩甲骨のストレッチは手を正しい位置に置くことです

肩まわりのストレッチ1

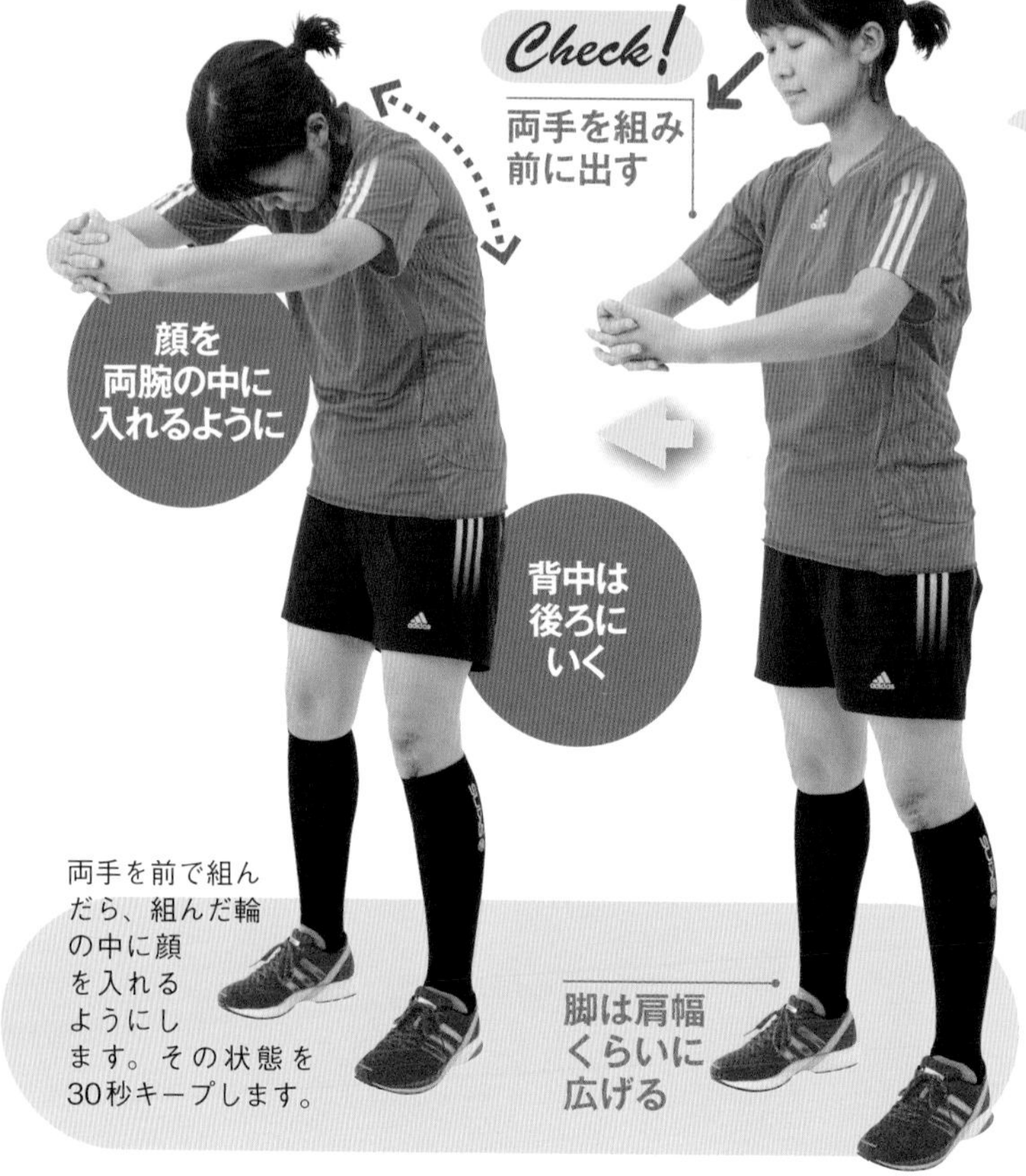
Check!
両手を組み
前に出す
顔を
両腕の中に
入れるように
背中は
後ろに
いく
脚は肩幅
くらいに
広げる

両手を前で組んだら、組んだ輪の中に顔を入れるようにします。その状態を30秒キープします。

筋肉が硬くならないように自発的に動かすことが大事

肩と肩甲骨を伸ばすストレッチになります。ランニングの場合、どうしても酷使している腰や脚のストレッチのほうに意識がいってしまいがちですが、脚の回転にあわせて腕も振っているため、肩と肩甲骨の筋肉もかなり疲れています。

とくに**肩甲骨は自発的に動かしてあげないと硬くなりやすい部位でもあります。ウォーミングアップでもクールダウンでもストレッチを行い、柔らかい状態をキープしましょう。**

肩まわりのストレッチ2

もう片方の手でひじを支え体に引き寄せる
片方のひじを90度に曲げる
Check!
まっすぐ前を見る
脚は肩幅くらいに広げる

足を肩幅くらいに開いた状態で立ったら、片方のひじを90度に曲げます。次にもう片方の手で曲げたひじを押さえ、体にぐっと引き寄せます。そのままの状態で30秒キープします。逆の腕も同じように行います。

ここが大事！

ひじを曲げることがポイント。手を遊ばせると効果が弱まるので肩甲骨をしっかり伸ばすためには手を固定させます。ひじを曲げることによって軸をつくることができ、肩と肩甲骨を上手に伸ばすことができます。

One more Point

腕を引くことで脚が出やすい状態に

ランニングの場合、腕を前に振ることより腕を引く動作のほうが重要です。それは腕を引く動作によって肩甲骨が動き、同時に連動して骨盤が回り、脚が前に出やすくなるのです。そのため常に肩甲骨を柔らかくしておくことが必要になります。肩甲骨は背中にあるため意識して動かすことが難しい部位です。ウォーミングアップやクールダウンの中に必ず入れるようにしましょう。

太ももの裏側の筋トレは膝が前に出ないように曲げる

Check!
まっすぐ前を見る
両腕を交差して肩に手を置く
手は横に
気をつけをする

脚を回転させる筋力のパワーアップ!

太ももの裏側（ハムストリングス）を鍛えます。この筋肉は大腿《だいたい》二《に》頭筋《とうきん》、半腱《はんけん》様筋《ようきん》、半膜様筋《はんまくようきん》という3つの筋肉で構成されていて、これらが収縮することで膝下の脚を引き上げる力が生まれます。ただ、人間は普段は立っている状態が長く続くため意識しないとなかなかハムストリングスを鍛えることができないのです。

しかし、**走るときには脚を体に引きつける動作や脚を回転させる動作が必要なため、このハムストリングスが重要になってきます。**

「気をつけ」の姿勢から、両腕を交差して、肩の上に手を置きます。片脚を半歩後ろに引き、ゆっくりと曲げます。このときつま先は地面に向けて足首が後ろにそらないようにします。そして、ゆっくりと戻します。左右６～８回を３セット行いましょう。

ここが大事！

目線は下げないように。目線が下がるとどうしても猫背になってしまい、ハムストリングスを鍛えることができません。目線を下げないようにするために、両手を肩に置いています。

One more Point

筋トレでより強固な体にする

ストレッチ同様、筋トレも欠かせないトレーニングです。筋トレはその名の通り、筋肉を鍛え強くするためのトレーニングです。筋肉が鍛えられると、より速くより長く、そして疲れない体をつくることができます。しかし、やりすぎはNGです。かえって筋肉を傷めてしまうこともありますので、回数や時間を守りながら、まずは筋トレの順序や姿勢に注意しながら行います。

POINT 46

筋肉トレーニング

太ももとお尻の筋トレは バックランジで後ろに膝を伸ばす

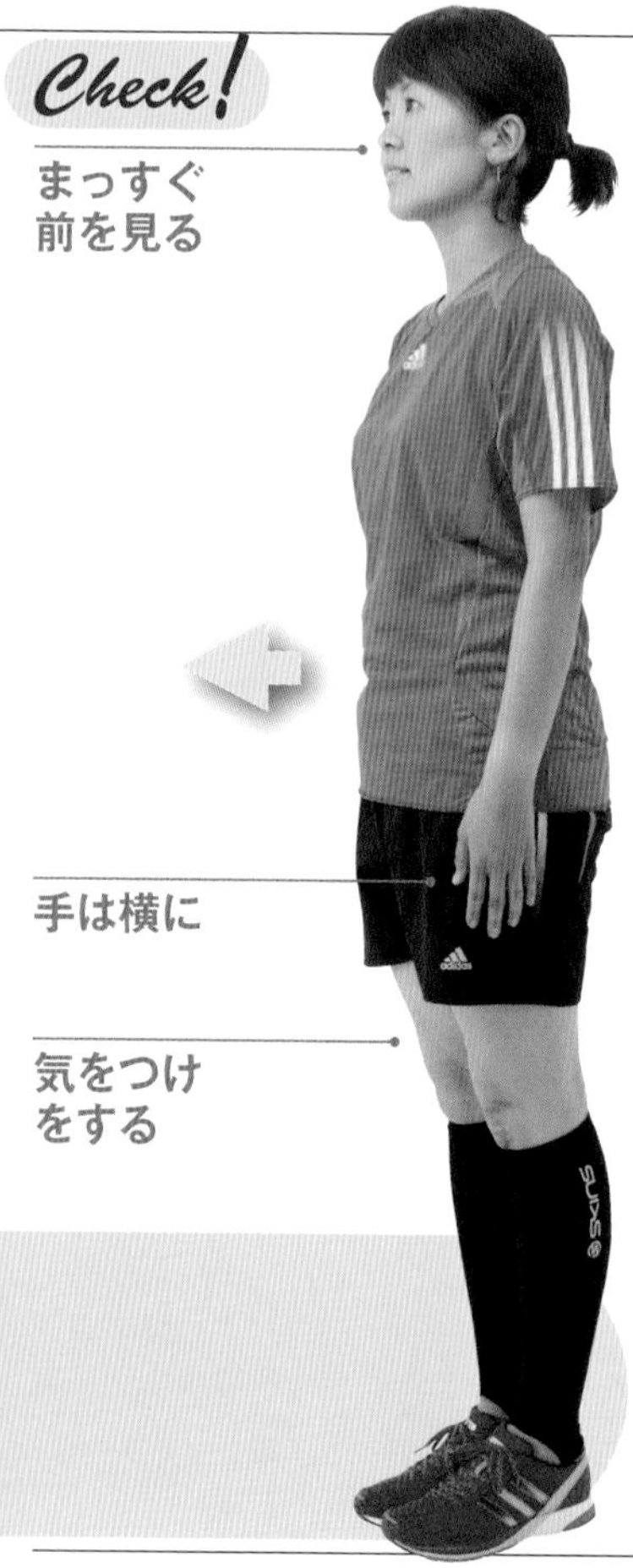
Check!
まっすぐ前を見る
手は横に
気をつけをする

「気をつけ」の姿勢から、両腕を交差して、肩の上に手を置きます。そのまま片脚を大きく一歩後ろに下げ、腰をまっすぐ落とします。逆脚も同じように行います。

一度後ろに反発させて体を前にいかせる動きを！

ランジはフロントランジといって脚を前に出すのが一般的ですが、今回はあえてバックランジでの筋トレを行ってみましょう。

ランニングで膝を伸ばすとき、裏側の筋肉が伸びると同時に後ろに引き戻そうとする筋肉も働きます。筋肉は伸ばしたら縮むといった、相反する動きをします。**バックランジをすることで筋肉を一度後ろに反発させることができ、より前に動く筋肉が働くようにトレーニングをします。**

イメージはかけたら戻る〝ぜんまい〟と同じです。つまり、後ろに脚を引くことによって、前に戻る体をつくります。

負荷を
かけたいなら
ダンベルなどを
持ってもOK!
両腕を
交差して
肩に手を
置く
背筋を
伸ばす
片脚を
大きく後ろに
下げる

左右５回を
３セット行います。

ここが大事！

背筋を伸ばし、上体を立てた状態を保ちましょう。上半身が前に倒れたり、後ろにそったりしないようにします。そのためには立てている膝の角度が90度のまま、腰を真下に落とすようにしましょう。

One more Point

主動筋と拮抗筋がある

ひとつの動作をするときに働く筋肉を主動筋と言い、その動きとは逆の働きをする筋肉を拮抗筋と言います。例えば、膝を曲げたときに太もも前側の筋肉は伸びており、裏側は縮んでいます。こうした相反する動きをする筋肉はどちらともバランスよく鍛える必要があります。例えば、主動筋を鍛えたら、同時に、拮抗筋も鍛えます。こうすることで主動筋の動きがよくなります。

POINT 47

筋肉トレーニング

太ももの内側の筋トレは両膝をゆっくりと開いて閉じる

内側を鍛えることでより疲れにくい脚に！

イスに座って行う筋トレです。自宅やオフィスなどでも簡単にできるエクササイズで、太ももの内側を鍛えます。もともと太ももの筋肉は内転筋（内側の筋肉）の筋肉が外転筋（外側の筋肉）の4分の3ほどのパワーしかありません。**この弱いほうの内転筋の筋力をアップすることで、外転筋をさらにいかしてあげることができます。**

太もものバランスがよくなると、**ランニングにおいても左右にぶれないフォームを長く保つことができ、疲れにくい体をつくることができます。**

また、太もも同士をつけたまま背筋を伸ばしていれば、お尻にも力が入っているはずです。すると、自然と大殿筋も鍛えられています。

背筋を伸ばし、姿勢のよい状態でイスに座ります。両腕を交差して、肩の上に手を置きます。このとき両膝は閉じています。次にゆっくりと両膝を開きます。そして2秒くらいかけてゆっくりと閉じます。

6〜8回を3セット行いましょう。

両腕を交差して肩に手を置く
ゆっくりと両膝を開く
ゆっくりと両膝を閉じる

ここが大事！

両膝を閉じたり開いたりするときはゆっくりと行います。2秒かけて開き2秒かけて閉じるくらいのスピードです。つらくてついつい速くなってしまう場合は「1、2」と声に出しながらするとよいでしょう。

One more Point

慣れてきたら物をはさんでみる

このエクササイズに慣れてきたら、もう少し負荷をかけたものをプラスしてみましょう。同じ姿勢で太ももを閉じたときにその間に物をはさみます。最初は紙や新聞紙など軽いものをはさみ10～15秒キープします。これも簡単にできるようになったら、はさむものを本や雑誌など、少し重いものに変えて10～15秒キープしてみましょう。

POINT 48

筋肉トレーニング

太ももの前側の筋トレは膝の角度を90度にすること

背筋を伸ばし、姿勢のよい状態でイスに座ります。両腕を交差して、肩の上に手を置きます。このとき両膝は閉じています。次にゆっくりと片脚を伸ばしていき、膝の高さまで上げ、ゆっくりと下ろします。

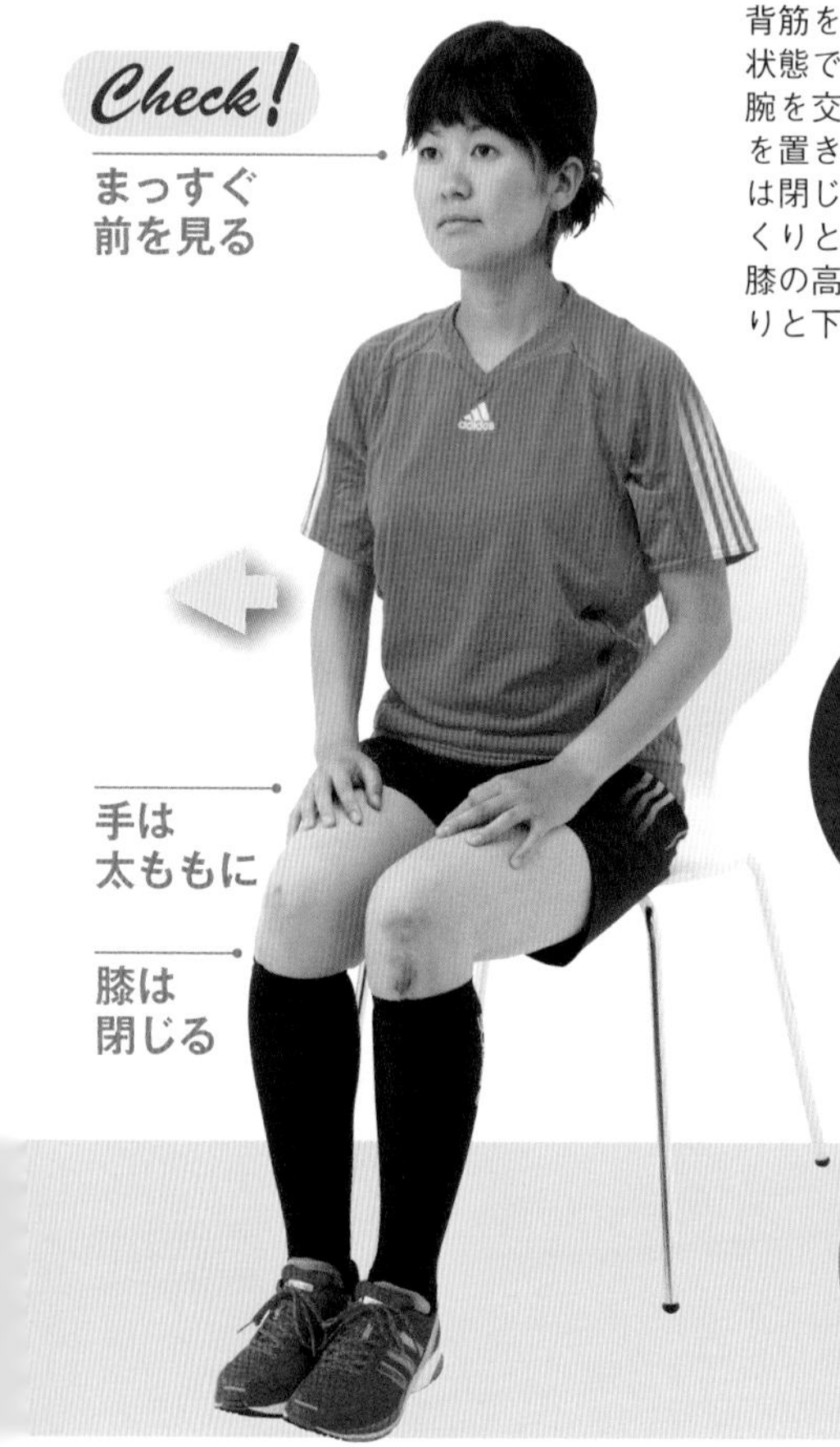
Check!
まっすぐ前を見る
手は太ももに
膝は閉じる

足首は伸びてもかいません

地面を蹴る力をアップさせる!

太ももの前側にある大腿《だいたい》四《し》頭筋《とうきん》を鍛えます。大腿四頭筋は4つの筋肉から構成されています。この筋肉は歩く、走る、しゃがむ、脚を上げるなど、ほとんどの動作のときに働く重要な筋肉です。つまり、何をするにも一番使う、そして疲れる筋肉でもあるので、まずは長く走るためにこの筋力をつけましょう。

また、この筋肉を鍛えると、**地面を蹴る力がアップし、着地の衝撃を和らげて膝への負担を軽くしてくれる**というメリットもあります。

左右6〜8回を3セット行いましょう。

両腕を交差して肩に手を置く
片脚をゆっくり下ろす
片脚を膝の高さまで上げる

ここが大事！

イスには浅く座り、座ったときに曲げた膝の角度が90度になるようにします。浅く座ると、背中に支えがないため上体が後ろにそってしまいがちですが、上体は常にまっすぐになるように背筋を伸ばします。

One more Point

大腿四頭筋は体で最も強い筋肉

大腿四頭筋は大腿直筋、外側広筋、内側広筋、中間広筋の４つの筋肉で構成されています。体の中では最も強くて大きな体積を持つ筋肉です。大腿四頭筋はいわゆる「膝のバネ」としての筋力を生み出すので、とくに跳躍力が必要なスポーツには重要な筋肉になります。また、大腿直筋は骨盤にもつながっているため太ももを持ち上げるなど股関節を動かす役割も持っています。

POINT 49

大腰筋の筋トレは前を向いたまま脚を少し上げる

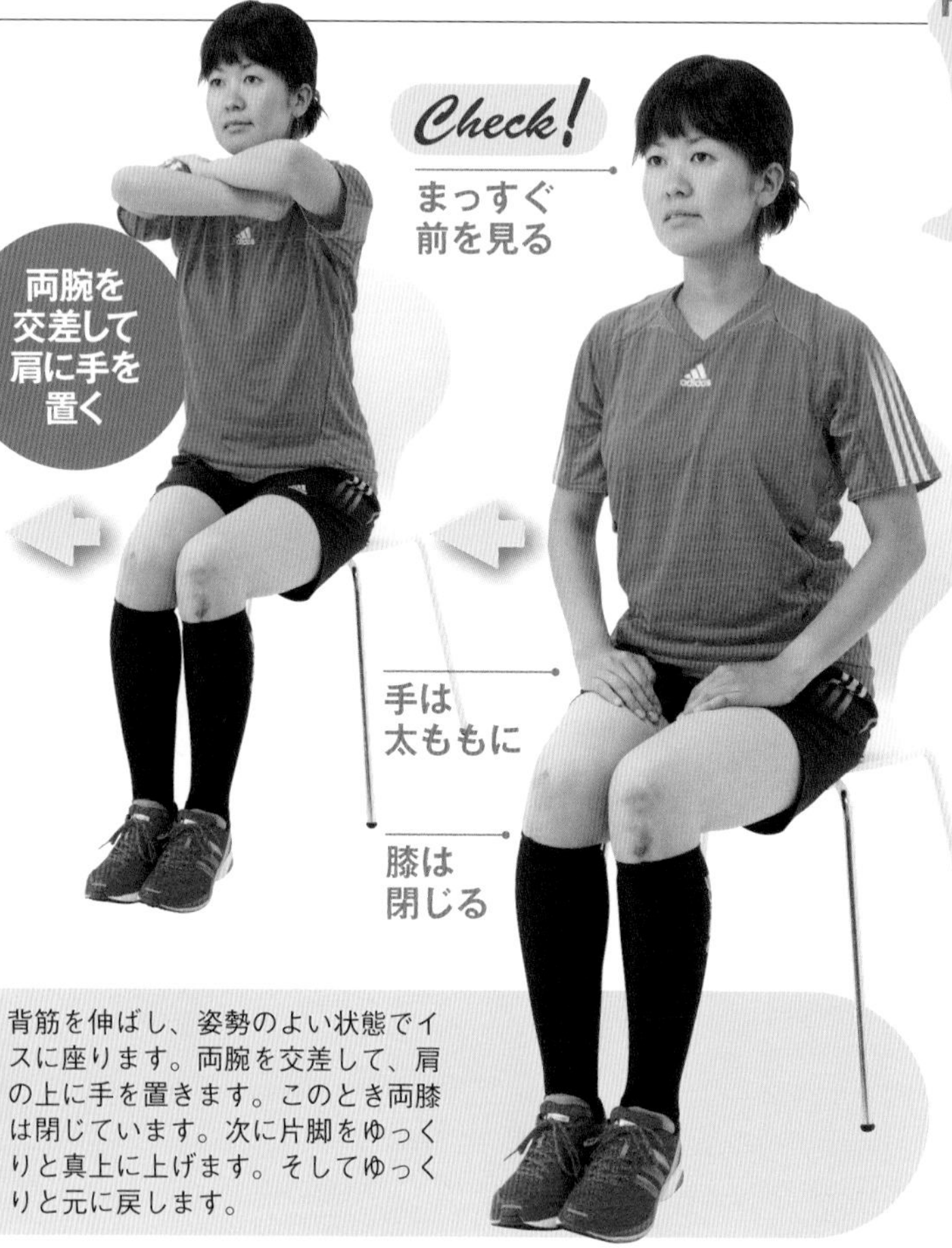
両腕を交差して肩に手を置く
Check!
まっすぐ前を見る
手は太ももに
膝は閉じる

背筋を伸ばし、姿勢のよい状態でイスに座ります。両腕を交差して、肩の上に手を置きます。このとき両膝は閉じています。次に片脚をゆっくりと真上に上げます。そしてゆっくりと元に戻します。

脚を上げる力をアップさせる！

太ももにある大腿骨から腰骨につながる大腰筋を鍛えます。大腰筋は脚を上げるときに使う筋肉ですが、もともとインナーマッスルとも呼ばれ、体の外側から触っても確認できないため、意識しないと鍛えることを忘れてしまいます。

しかし、**この筋肉を鍛えると驚くほど脚が軽く感じられ、ラクに上がるようになります。**

このエクササイズで大切なことは、脚を高く上げることではなく、正しい姿勢をキープすることです。

左右5回ずつ。
慣れてきたら左右8回ずつに。

背筋は
まっすぐに
逆脚も
同様に
上げて
下ろす
上げた脚を
ゆっくり
下ろす
片脚を
ゆっくり
上げる

ここが大事！

背筋を伸ばした正しい姿勢であれば、脚はそれほど高く上がりません。あまり高く上げてしまうと腹筋を使ってしまうので脚を浮かせる程度でも十分です。上げ下げは「1」で上げたら「1」で下ろすくらいゆっくりと。

One more Point

アウターマッスル、インナーマッスル

アウターマッスルは体の表面近くにある筋肉のことで、インナーマッスルは体の奥にある筋肉です。大腰筋はこのインナーマッスルにあたりますが、主に姿勢を調節したり、関節の位置を正常に保ったりするという働きをしています。筋トレをする場合はこうした内側にある筋肉は負荷をかけすぎないように。かけすぎて筋断裂が起きると、治りにくく時間もかかってしまいます。

POINT 50

レースは時期・移動時間・コースで決める

時期によっては雨の日のレースになることも。

半年から1年前にメインレースを選択

自己ベストを更新するにはレース選択が大事です。レースは11～4月に集中するので、どの時期に走るとモチベーションが上がるのかを明確にすること。また、地元と遠方の大会では移動時間が大きく変わるため、必ず加味して考えましょう。コースは平坦、またはメリハリがあるほうが好みなのかも検討してみることです。

以上3点を踏まえ、**半年から1年前にメインレースをひとつ選びましょう。**すると目標が定まり、トレーニング期間も十分に取れるので記録更新が狙えます。

レース選択はここが大事！

1 好みの時期で決める

10度前後の気温が走りやすいコンディショニングがつくれると言われています。けれど、個人によって感じ方はさまざまなので、自分のモチベーションが上がる時期を選ぶこと。暑いほうが走りやすいという人は、ホノルルマラソンなど海外の大会を選択するのもよいでしょう。

2 移動時間を考える

遠方のレースの場合、移動に時間がかかり、ストレスになってしまうこともあります。さけるためには、新幹線をグリーン車にしたり、前もって宿泊したりすることも重要。また、遠方のレースはリハーサルや下見を行うのも難しいのでそれはあらかじめ考慮しておきましょう。

3 走りやすいコースを選ぶ

平坦と登り下りのあるコース、どちらのほうが苦しいときにモチベーションがキープできるかを考えましょう。平坦なコースを選ぶ場合は、少しでもカーブがあるほうがお勧め。カーブがあればどこまで続くのだろうという不安が減り、新たに見える景色や外観が楽しみになってきます。

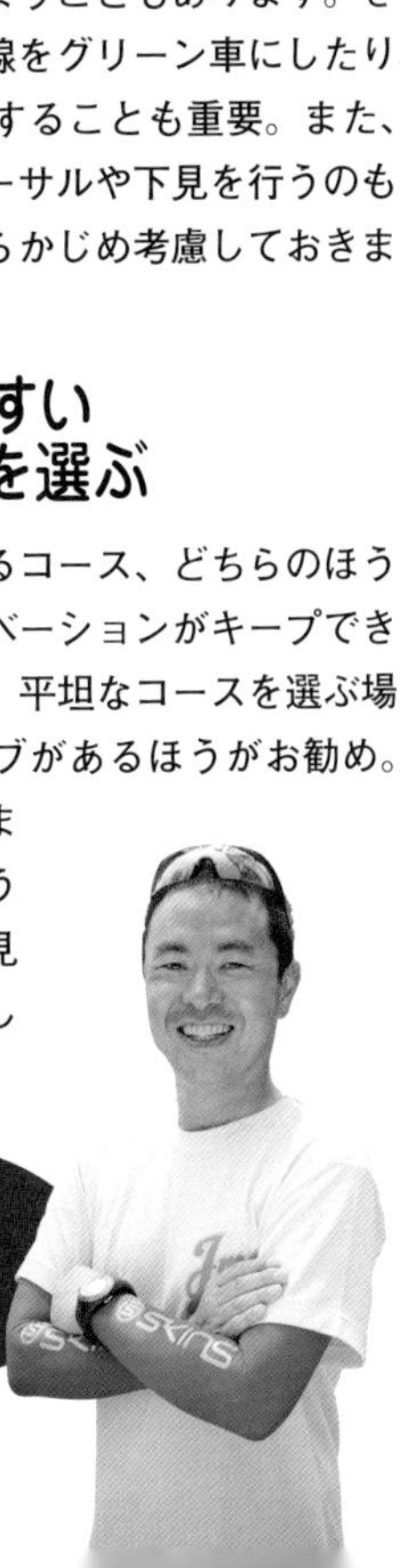

10km&ハーフマラソン 対策

ハーフマラソンは意外と少ない!?

10km マラソンはフルマラソンのレースと同時に開催されることが多いですが、ハーフマラソンを開催するレースは意外と少ないかもしれません。ハーフはフルマラソンの前の調整と考えるランナーが多いため、大きなレースの１～２ヵ月前に行われることが多く、秋ごろに集中する傾向があります。

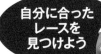

POINT 51

メインレースの前に30kmのリハーサルレースに出場する

本番に向けての最終段階。できるだけ本番に近い形で臨みます。

本番1ヵ月前にリハーサルを行う

メインレースを決めたら、その1ヵ月前に別のレースに出場しリハーサルを行いましょう。**理想は体に負担がかからない30kmの大会がベスト。**この大会で体力や精神力をキープして完走できれば、メインレースも問題なく走れるはずです。

また、**リハーサルではメインレース同様のコンディショニング調整や自己記録を狙うペースで走ることも重要。**レース後は必ず結果を検証し、成功した要素はメインレースで取り入れます。反省点はメモ書きにして何度も確認を。

リハーサルレースはここが大事！

1 新しい道具を試す

メインレースで新しいウエアやシューズを履きたい場合はリハーサルで着用し、体にならしておくこと。違和感があれば必ず事前に予防を。メインレースで持っていく予定の道具はすべて持参し、必要ないものを見極めます。

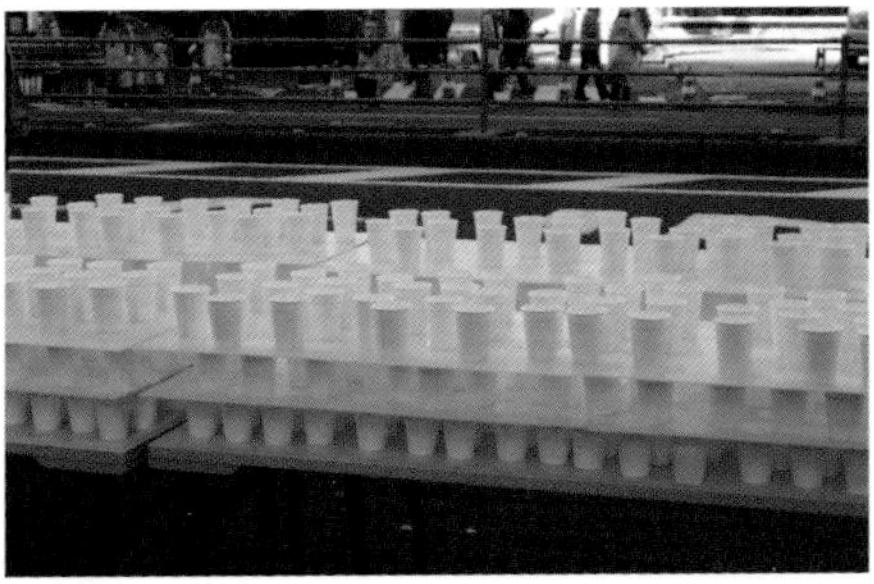

飲み終わったコップはゴミ箱に捨てましょう。

2 レース中の飲食の取り方を確認

リハーサルレースで給水を行う際、立ち止まらなかったか、取りすぎていなかったかなどを確認します。気管に入って苦しくなった場合、水は口にふくむ程度の量にして噛んでから飲んだり、うがいをこまめにしたりするようにします。エネルギーゼリーなどを取ろうと思っているなら試しておきましょう。

3 コンディショニングの確認

リハーサルレース前に練習量を調整したり、カーボ・ローディングなどの食事法を試し、どのようにレースに影響したかをチェックします。メインレース同様の睡眠、起床を行い、体の変化や緊張感、不安感などを確認することも重要です。

10km&ハーフマラソン 対策

レースデザインの考え方はふたつ

リハーサルレースとして10km&ハーフマラソンを選ぶときは、考え方は2通りあり、あくまでもフルマラソンのレースに近いコース、時期を選んで、より理想に近いレースにするという考え。もうひとつはわざとコースのきついレースに出ることによって、フルマラソンのときはラクに感じさせるという考えです。

NG

リハーサルレースは、決してフルマラソンを選ばないこと。フルマラソンに出場してしまうと、疲労感が残りリハーサルの意味がありません。メインレースの前に30kmの大会がない場合は、ハーフマラソンでリハーサルを行うのもよいでしょう。

リハーサルレースの結果から現状と目標を再チェック

最終的な目標タイムはリハーサルレースの結果で決めるように。

練習量ではなく目標タイムを調整する

リハーサルレースを行うと、メインレースでの自己記録が見えてきます。リハーサルレースの記録がよければ目標タイムを若干早めること。反対に疲労感があり、自己記録を更新するのが厳しそうなら目標タイムをプラスして調整します。リハーサルレースに出られない場合は練習で30km（ポイント29を参照）走り、その記録から目標タイムを再確認します。

いずれにせよ、**目標のために量練習を増やすのではなく目標タイムを調整し精神的な余裕を持つこと**が重要です。

目標の再チェックはここが大事！

1 目標タイムとマッチしたら……

メインレースでも自己記録が出ると思ってよいでしょう。レース準備は完璧にできているので、残りの期間もトレーニングの内容や調整方法を崩さないように。また、メンタル面に気をつけること。

2 目標タイムに余裕があったら……

目標タイムを少し早めましょう。大幅に早めてしまうと、メインレースでオーバーペースになって途中で失速したり、プレッシャーになったりするので、記録の更新が難しくなってきます。

3 目標タイムに届かなかったら……

目標タイムをあきらめるのではなく、目標タイムを５～ 10分プラスします。すると、メインレースで精神的な余裕が持てるため、よい結果につながります。

リハーサル
レースの
結果を３つに
わけて
考えましょう

10km&
ハーフマラソン
対策

ハーフマラソンのときの目標タイムの計算の仕方

ハーフマラソンでリハーサルを行った場合、その記録を２倍にしただけでは、フルマラソンの記録になりません。必ず、記録に５～ 10 分プラスして２倍にします。そのタイムを目標タイムと比較しましょう。

One more Point

時計をつけずにリハーサルレースに参加する

これまでリハーサルレースを行っても自己記録が更新できなかったという人は、時計をつけずにリハーサルレースに臨むことです。レースでは風や坂などの影響を受けるため、ラップタイムに１～２分の誤差が生じることは当たり前。けれど、時計をしているとその誤差を気にしたり、無理にラップタイムにペースを合わせようとしてしまいます。時計をつけずに走り、自分本来のペースを確認してみましょう。

POINT 53

レース会場へ下見に行き トイレの場所を確認する

スタート地点やトイレの場所を確認するだけでも落ち着きます。

会場のトイレを把握し ストレスを減らす

会場の見取り図が送られてきたらコースの下見をします。駅からの行き方、移動時間、スタート地点などを知っておくだけでも緊張感は減るものです。

下見で必ずチェックしてほしいのがトイレの場所。スタート前のランナーたちは緊張しているため、トイレが大変混雑します。そんなところに並んでしまうと誰でもイライラしてしまいます。それらを防ぐためにもトイレの場所を事前に把握し、トイレがストレスにならないようにしましょう。

レースの下見はここが大事！

1 トイレの場所を把握

大抵スタート地点近くのトイレが混むため、少し離れたトイレも把握しておきましょう。女性の場合、トイレで着替えることもあるので、公衆トイレや会場付近の駅のトイレなども確認を。男性なら小便器が空いていることが多いので、公衆トイレに小便器があるかをチェックしておくのもよいでしょう。

2 着替え場所の有無を確認

着替える場所があるかどうかは、レースによってさまざまです。女性の場合はトイレの次に混雑してしまうので、着替える場所があるなら必ず確認しておきましょう。会場に着いてからのロスを少しでも減らすことが大切です。

3 ゼッケンの受け取り場所をチェック

ゼッケンの引き渡し場所も確認しておきます。前日受け取りが可能なら、前日に行って受け取るようにしましょう。

4 会場の見取り図を持って下見に行く

ほとんどのレースは約１ヵ月前に会場の見取り図が送られてきます。必ず見取り図を持って下見に行きましょう。

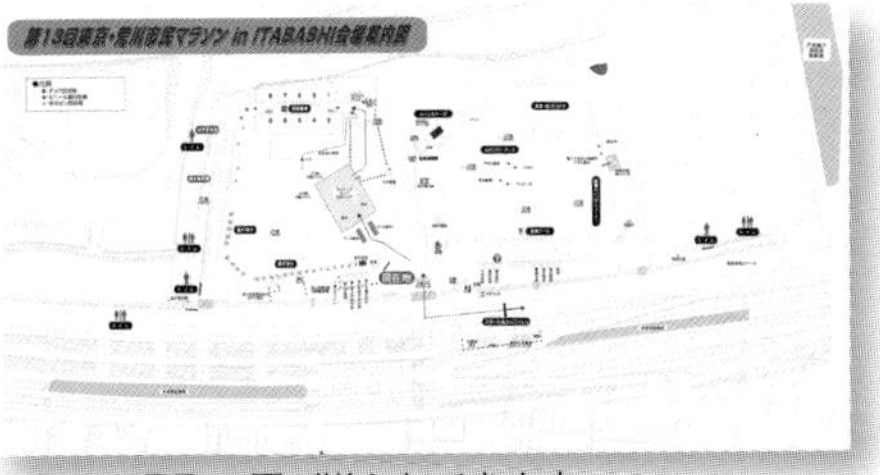

こうした見取り図が送られてきます。
（↑第13回東京・荒川市民マラソンの会場案内図）

便利なツアーをチェック

遠方の、しかも初めてのレースに出場となると、いくらコースMAPを見てもまったく想像できず、不安感だけが大きくなってしまいます。そういうときは、旅行会社が主催するマラソン大会専用のパッケージツアーを利用するのがお勧めです。ツアーの中には、専用バスでのコースの下見が含まれていることが多く、ランニングコーチがついていたり、ツアー専用のテントがあったりなど、ランナー向けのサービスも充実しています。また、レースに近いホテルに宿泊できるので当日の移動も便利。バスで下見をする際は、まわりの景色や坂の高低差などをチェックしながら、当日のレースを頭でイメージしましょう。

POINT 54

レース前はイメージトレーニングで不安を解消する

リハーサルをしながら、タイムスケジュールの確認。

レース当日と同じ体感をして緊張感を減らす

レースが近づくにつれ、不安や緊張感は増していきます。それらを回避するためにイメージトレーニングを行います。イメージトレーニングには、単純にレースを頭で想像するものと、リハーサルを行いながらタイムスケジュールで動くものがあります。

近場のレースに出場する際は、後者もできるだけ行うこと。方法は**レースの1週間前にレース当日を想定した起床、朝食を行い会場に向かいます。**同じように動くことで不安や緊張感が和らぎます。

1週間前にスケジュールをチェック

※レースが10時スタートの場合

AM6:00 起床
朝バタバタしないためにも余裕を持った起床を。

↓

AM6:30 朝食
レースの３～４時間前に食べるのが理想。朝食は普段と同じでOK。

↓

AM8:00 出発
リハーサルレースでチェックした道具を持参する。

↓

AM8:10 移動
電車やバスの混み具合、雰囲気をチェック。立ち続けると体への負担にもなるので確実に座れるルートで行くのがベスト。

↓

AM9:00 現地着
本番同様、まずはトイレを済ませる。バナナやゼリー飲料などエネルギー補給をしておく。

↓

AM9:30 ストレッチ
ストレッチができる場所をチェックし実際に行ってみる。

↓

AM10:00 ジョギング
時間があればスタート地点から軽く走ってみる。実際の雰囲気をつかんでおくこと。

メンタルタフネスはここが大事！

1 生活習慣を1週間前から調整

生活習慣は１週間前からレースに合わせておくことが大事。とくに起床時間は、「起きれなかったらどうしよう」という不安をなくすためにも調整しておくこと。また、朝食時間により排便のサイクルも変わってくるので朝食時間もレースに合わせるようにしましょう。

2 自分自身のことを再確認

レース前に自分の体や精神力を再度認識すること。緊張するとトイレに行きたくなる、寝れなくなってしまうなど、自分のことがわかっていれば、それに合わせた対応ができるので、緊張や不安が取り除けます。

3 スポーツ選手の「乗り越えた本」を読む

不安や緊張がどうして取れないという人は、マラソン選手や登山家、トライアスロン選手などの実体験本を読むのもお勧めです。これらを読むと自分を投影することができるので、心にゆとりが生まれます。

POINT 55

レース前日は荷物を小分けにして当日に備える

いつも通りの走りをイメージし、心の準備もしましょう。

レースに必要なものは前日につめて準備する

レース前日に必ず行ってほしいのが荷物の収納。当日にすると、どうしても慌ててしまい大事な物を入れ忘れたり、詰め込みすぎたりしてどこに何が入っているのかわからなくなってしまいます。

荷物を収納する際は、小分けにするのがお勧めです。さらに袋には「レース用シューズ」「ケアグッズ」などと明記し、必要なものを確認していきましょう。

また、前日にRCチップを靴に着けたり、ゼッケンをもらっていれば着けるなど、できることはすべてやっておくこと。

レース前日はここが大事！

道具は袋に入れて小分けにし、明記する

小分け用の袋は100円ショップなどで売っている圧縮袋を利用しましょう。袋に明記する際はポストイットやテプラを使うと、袋が何度も利用できて便利。カバンの中は、すぐに使うものを上にしておくのがポイントです。

レース用ウエアは、ひとつの袋にまとめて入れておくのがお勧め。また、普段から利用して道具を入れる場所を決めておくと、当日もパニックにならずに。

持ち物をチェック

- □レース用ウエア
- □レース用シューズ
- □着替え
- □防寒用カッパ
- □アームウォーマー
- □タオル
- □帽子
- □サングラス
- □ワセリン
- □バンソウコウ
- □水（スポーツドリンク）
- □補給食
- □時計
- □ウエストポーチ

大会によっては、大会案内に持ち物リストが同封されていることもありますが、基本は自分で自分の持ち物リストを作成しましょう。作成するときはリハーサルレースで足りなかったもの、反対に必要なかったものなどを整理します。また、小分けにする袋ごとにリストを作成し、袋の中に一緒に入れておくのも忘れもの防止にお勧めです。

POINT 56

レース当日の朝は深呼吸をして緊張感をほぐす

緊張したら空を見上げるだけでもリラックスできます。

当日の朝は心をリセットする

何回もレースに出場している人でも当日の朝は、やはり緊張するものです。そんな**緊張をほぐすための最も簡単な方法が深呼吸です。**

緊張を感じたら、その度に1度目をつぶって、大きく深呼吸を行いましょう。どうしても気持ちが落ち着かず集中できていないようであれば、**顔の前でパンと大きく手をたたき、気合いを入れるのもよいでしょう。**

また、時間がないと慌てるので、時間に余裕を持って行動しましょう。

レース当日の朝はここが大事！

1 深呼吸をする

両手を前に組み、手を裏返し前に伸ばしてから、上にあげて背伸びをします。つま先立ちになり、目をつぶって上を見るのもポイント。

2 タオルを顔にあてる

緊張感から体に力が入らないときは、顔に温かいタオルをしばらくのせておきます。イライラして落ち着かない場合は、冷たいタオルをのせましょう。

3 4時間前に起床。3時間半前に朝食

時間に余裕を持って行動します。起床はスタート時間の４～４時間半前に。朝食は３～３時間半前には取りましょう。

当日の朝の朝食をチェック

ごはん派の人にはおにぎりがお勧めです。当日の朝は緊張してあまり食べられないことが多いので、少量でエネルギー摂取できる朝食を。

パスタは脂質と糖質が含まれているため、普段から食べ慣れているのであれば最適です。

当日の朝食は普段と同じものにします。もし、違うものにしたいならば、少なくともリハーサルレース時に試しておきます。よく『カーボ・ローディング』といってパスタなどの高炭水化物食を食べる人がいますが、パスタは調理するときに油分を使うため、ただでさえ、緊張している朝に、消化吸収が悪くなってしまう可能性もあります。であれば、何も特別食にしなくてもいつも通りが一番です。

POINT 57

会場に着いたら準備は早く ストレッチはゆっくり行う

リラックスするためにもストレッチをゆっくりと。

会場では最初にトイレ、状況確認を忘れずに

スタート地点は非常に混みあうため、**会場に到着したら、まずはトイレに行くこと。**トイレに行くと安心感が生まれます。その後は着替えなどの準備を早く行い、時間のロスを減らしましょう。

人が大勢いるとイライラしてストレスになりがちなので、**なるべく全体を見て、人の流れを確認することも大切。**高台があれば、そこから状況を見るのもお勧めです。また、レース前は想像以上にテンションが上がっているので、ストレッチはゆっくり行います。

レース直前はここが大事！

1 まずはトイレへ

下見でチェックをしていれば、空いているトイレを選んで行きましょう。下見が行えなかった場合は、会場に着いたら最初にトイレの場所を確認し、混んでいるトイレの死角にあたるトイレに行ってみること。案外空いていることがあります。

2 ストレッチができなければ屈伸を

スペースや時間がなくてストレッチができなければ、屈伸を２～3回ほど行いましょう。

3 スタート地点は混雑する場所をさける

スタート地点で混雑するのはコースの左右どちらかで、受付や着替え場所などがある側が混んでいます。そのため混雑しているほうと反対側に並べば、スペースに余裕があり、ストレスも削減できます。

4 周囲の人に挨拶をする

とくに初めてのレースの場合、周囲の慌ただしい雰囲気にのまれてしまいがちに。そんなときはコースに並んだら、できるだけ周囲の人に自分から挨拶をしてみましょう。「こんにちは」と声に出し、人とコミュニケーションを取るだけでもリラックスできます。

5 空を見上げて深呼吸をする

レース直前、お勧めのストレス解消法は空を見上げて、大きく深呼吸することです。人間は、目の前の視野が広がるだけで、かなりリラックスできます。スタート地点では人も多く、緊張のため視野が狭くなりがちです。視野を広げるためにも一度、空を見上げてみましょう。

NG

会場では慌てている人が多く、そういう人に限って荷物の預け場所やスタート地点を間違っています。そのため、レース会場では決して慌てている人についていかないこと。時間のロスになってしまうだけです。冷静になって周囲を見回し、わからなければ必ず人に聞きましょう。

POINT 58

レース中は積極的な屈伸で脚のトラブルを防ぐ

脚のトラブルをできるだけ防ぐことが大事です。

レース中は時々屈伸やストレッチを

レース中はさまざまなトラブルが起こる可能性が多く、最も多いのが脚のトラブルです。脚がつってしまったり、脚が思うように動かなくなってしまったりすると、最悪の場合はリタイアすることになります。

そうならないためにも給水所や10㎞ごとなどに、ストレッチや屈伸を2、3回程度行いましょう。

また、レース前にミネラル分の多いサプリメントを取っておくのもよいでしょう。

レース中はここが大事！

屈伸を2，3回程度行うと効果的です。かかとをついた状態で行いましょう。

レース中は脚が動かなくなることがよくあります。

ここが大事！

脚がつった、けいれんするなどトラブルが起こったら、走るのやめて沿道へ一時避難します。筋肉のひきつりや疲労であれば、その場でストレッチをします。ひどい場合は肉離れの可能性もあるのでリタイアもやむを得ません。

One more Point

スタート直後はタイムを気にしない

スタート直後は必ず渋滞するためタイムが気になりますが、最初の5分は気にしないこと。ここでのタイムロスはほとんど挽回できます。また、スタート直後のその場ジャンプはつま先立ちになることが多く疲労をもたらすのでさけること。先の状況を見ながら、ゆっくり歩きましょう。

POINT 59

レース中は常に目線を上げてメンタルコントロールをする

最後はメンタルの強さがレースを左右します。

苦しいときこそ目線を上げるとよい

どんなレースでもどんなランナーでもフルマラソンともなれば、後半になるとかなり疲れてきます。人間は疲れてきたり苦しくなったりすると、自然と目線は下になるもの。もし、**走っているときに地面ばかり見てしまっていたら要注意です。とにかく目線を上げるように意識することがポイントです。**

また、好きな歌をうたったり、苦しいトレーニングを思い出して、自問自答したりするなど、メンタルコントロールを行いましょう。

メンタルコントロールはここが大事！

1 目線を上げる

疲れてくると姿勢が崩れタイムが落ちてしまうので、常に目線は上げておくこと。

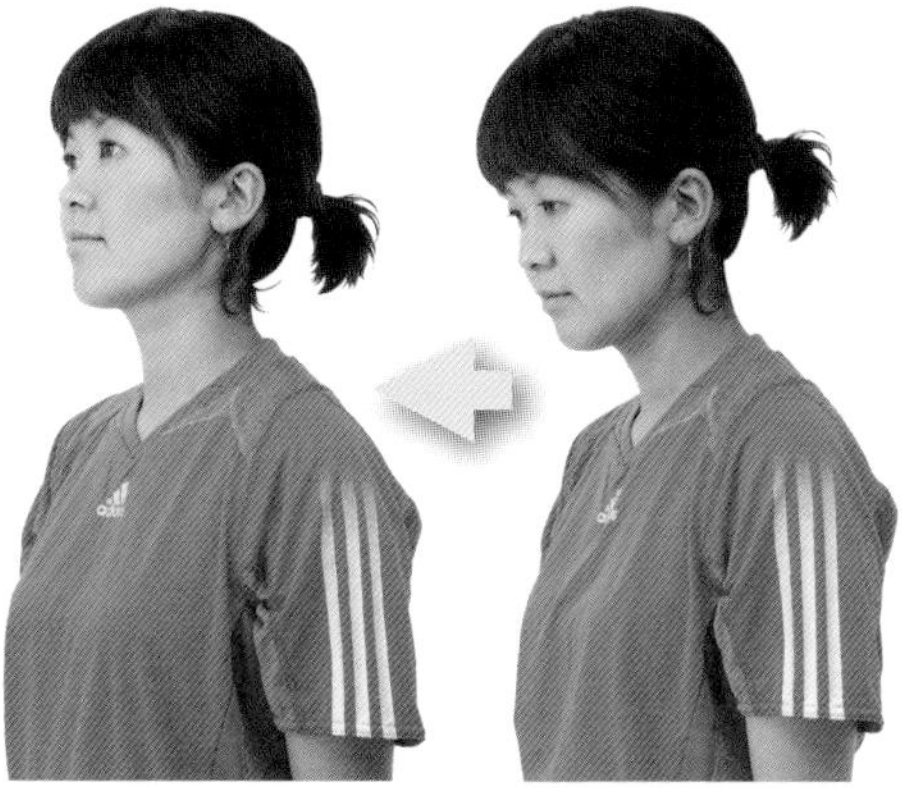

2 沿道に手を振る

沿道の応援は励みになるので、苦しいときほど積極的に手を振ったり、「ありがとう」と声に出したりして応えましょう。

3 リセットポイントをつくる

疲れてきたら体や気持ちをリセットすることが重要。あらかじめ「15km地点では肩を回す」「20km以降は５kmごとに腕をぶらぶらする」など、リセットポイントを決めて行います。ただし、リハーサルレースで試してない場合は実践しないように。

マナーは
守りましょう

レースマナーをチェック

BEST TIME with MANNER
マナーと走る私
クリーンランナーとは?
右の証明証を貼り付けて、
良い記録、良いマナーを心に
美しくキレイな走りを目指す。
W.C
「速ければ良い!!はナンセンス。」
CLEAN RUNNER
マナーと走る私
証明証

大会によっては『CLEAN RUNNER』のステッカーをゼッケンに貼っているランナーもいます。ひとりひとりの意識を高めていくことが大事です。

マラソンとはいえどもマナーはしっかり守りましょう。大事なことは早朝から大会運営をサポートしてくれる方々、沿道の応援の方々、すべての人に感謝の気持ちを持って走ることです。そうすると、レースも自然と楽しくなり、つらくても最後まで頑張れます。反対に、絶対にやってはいけないマナー違反が、適当にゴミを沿道に捨てたり、沿道でツバを吐いたりなど、誰が見ても不快だと思われる行動です。絶対に行ってほしくありません。また、ランナー同士もゆずりあって速いランナーがきたら「どうぞ」と声をかけ合ったりすることが必要です。

POINT 60

レース直後のアイシング処置で体を再生する

元気にゴールをしてもレース後の体は想像以上にダメージがあります。

20分間のアイシング処置とアミノ酸が重要

レース直後の体は疲労物質が蓄積されているため的確に疲れを取る必要があります。**体に痛みがなくても必ずアイシング処置をします。**アイシング処置を行うことで新陳代謝が活性化し、収縮していた筋肉が緩むため、疲労が回復します。

また、**内臓もすごく疲れているので、レース直後はアミノ酸やプロテインなど流し込めるものを取るようにします。**夜以降は体が欲しがるものを取ってかまいませんが、食べすぎてしまうと嘔吐する場合があるので気をつけましょう。

レース直後はここが大事！

1 アイシング処置を行う

痛みがある場合はその箇所を、痛みがない場合は膝の処置を行います。さらに効果を上げるにはアイシング処置を行う患部を心臓より高い位置にすること。方法はアイスノンやブロックアイスを脚にあてて20分間冷やします。20分以上行うと低温やけどをする恐れがあるので注意しましょう。

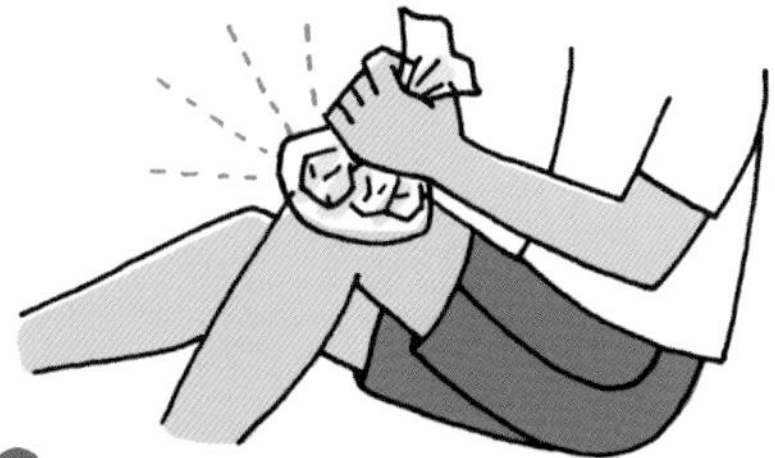

2 アミノ酸を摂取する

直後はアミノ酸のゼリー飲料などを摂取するといいでしょう。夜も内臓をいたわるために、焼き肉などはさけたほうがよいでしょう。

3 2週間はアクティブレスト

体はまだ疲れています。すぐに練習を始めたいと思っても本格的なランニングの練習はさけること。まずはアクティブレストを行って、体の疲労を取っていきます。

レース直後は、湿布よりはアイシング処置のほうが効果的です。湿布は痛みを取ることができても、体の中にたまっている疲労物質は取ることができません。まずはアイシング処置をして、痛みがひどければ、帰宅後や夜寝る前に、湿布をしておくとよいでしょう。

10km&ハーフマラソン 対策

距離が短くてもケアはしっかりと！

10km＆ハーフのレース後もアイシング、アミノ酸の摂取などはしっかりと行います。10kmであれば練習でも走っている距離なため、軽く見てしまいがちですが、必ず体のケアをします。フルマラソンのリハーサルとなればなおさらです。ただ、アクティブレストは2週間も必要ありません。1、2日休む程度でかまいません。

STAFF

撮影：藤　啓介
撮影モデル：深野祐子（Japanマラソンクラブ）
イラスト：浅羽壮一郎
デザイン：佐久間雅一（Nikoworks）／中西成嘉
編集：吉田絵理（Nikoworks）
制作：Nikoworks

撮影協力：アディダス ジャパン株式会社
オムロン ヘルスケア株式会社
カスタムプロデュース株式会社
ガーミージャパン株式会社
武田レッグウェアー株式会社
株式会社ナイキジャパン
株式会社ワコール

マラソン 自己ベスト更新60のポイント 10kmレースから活きる記録更新＆完走メソッド

2020年9月30日　第1版・第1刷発行

監修者　牧野 仁（まきのひとし）
発行者　株式会社メイツユニバーサルコンテンツ
（旧社名：メイツ出版株式会社）
代表者 三渡 治
〒102-0093 東京都千代田区 平河町一丁目 1-8
TEL 03-5276-3050（編集・営業）
03-5276-3052（注文専用）
FAX 03-5276-3105
印　刷　三松堂株式会社

◎「メイツ出版」は当社の商標です。

ISBN978-4-7804-2382-2 C2075 Printed in Japan.

ご意見・ご感想はホームページから承っております。
ウェブサイト　https://www.mates-publishing.co.jp/

編集長：折居かおる　副編集長：堀明研斗　企画担当：折居かおる／清岡香奈

※本書は2010年発行の『市民マラソンで完走する！ランニングのポイント60』を元に加筆・修正を行っています。